내가 대학원을

가
게
된다
면

내가 대학원을

가게 된다면

직장인을 위한
슬기로운 대학원 생활

정재엽 지음

일에일북/丁

박사학위가 과연
인생에 필요한가?

이 책을 집어 든 당신. 직장을 다니거나 박사학위에 관심 있는 분일 것이다. 지금까지 어떠한 이유로 박사학위는 당신의 인생에서 잠시 뒤로 물러나 있었다. 그러다 문득 내 삶을 보다 더 풍성하게 만들고 싶다는 갈급함이 밀려오면서, 박사학위에 대한 호기심이 생겼을 것이다. 하지만 박사학위가 과연 나의 미래를 장밋빛으로 만들어줄 것인지는 확실하지 않다. 그러나 걱정하지 말자. 적어도 이 책을 집어 들었다는 것은 이미 그 누구보다 치열하게 살아갈 준비가 되어 있다는 뜻이니까.

열심히 자신의 삶을 채워나갈 준비가 되어 있는 당신. 그런 당신에게 충고 한마디 하고 싶다. 무슨 일이든 열심히 하면 잘하게 되지만 그렇다고 노력에 비례해서 얻게 되는 건 아니라는 것을. 효율성 (Efficiency)과 효과성(Effectiveness)은 엄연히 다른 영역이다. 많은 사람들은 일을 경제적으로, 노련하게 잘하기 위해 '효율성'을 따지지만, 일을 마친 뒤의 성과나 기여도를 높일 수 있는 '효과성'은 고려하지 않는다. 냉정하게 자신을 한번 돌아보자. 효과성을 고려하지 않으면서 효율적으로만 일하고 있지는 않은지. 누구보다 열심히 일하고 잘하지만, 그 일을 통해 본인이 원하는 것을 얻지 못한다면 과연 현명한 선택일까? 효과성을 고려하지 않고 가치나 기여도가 상대적으로 낮은 일을 죽도록 '열심히'만 한 것은 아니었을까?

그저 열심히 일을 했다고 해서 열심히 산다고 생각해서는 안 된다. 일을 정확하고 빠르게 마쳤다고 자위해서도 안 된다. 열심히, 부지런히 일하는 것만으로는 원하는 목표에 다가갈 수 없다. 세상에는 더 적게 일하면서도 더 많은 것을 얻어내는 사람들이 있다. 그들은 풍요로우면서도 여유롭다. 그들은 효율성보다 효과성을 우선순위에 두기 때문이다.

자, 이제 자신이 하고 있는 일들을 한번 보자. 앞서 말한 효과성의 측면에서 자신의 현재 상황을 파악하고, 미래의 관점에서 지금 하고 있는 일을 바라보자. 즉 내가 지금 하고 있는 일이 무엇인지, 이 일이 미래에 어떤 결과를 초래할지 생각해보고, 그렇다면 효과성이 더 큰 일은 무엇인지 다음과 같이 점검해봐야 한다.

우선 '현재의 나'를 바라보자. 내가 지금 어떤 일을 하고 있는지 돌아보자. 회사에 출근할 때 가슴이 뛰는지, 혹시 밥벌이만을 위해 일하고 있는 것은 아닌지, 그저 퇴근 시간만 기다리며 하루하루를 소비하고 있지는 않은지 돌아보자. 간간이 하던 일을 멈추고 자신의 위치를 점검하면서 이 일을 통해 궁극적으로 내가 얻고자 하는 바가 무엇인지 묻고 또 묻자.

그다음으로는 '미래의 나'를 바라보자. 대학원에 진학하면 나의 인생을 놓고 볼 때 무엇이 플러스가 될지 상상해보자. 대학원에 진학하는 것이 현재 하는 일에 어떻게 도움이 될 수 있는지 스스로에게 물어보는 것이다. 학위를 취득하는 것이 내 인생에서 꼭 이루고 싶은 목표나 꿈에 다다르는 데 얼마나 도움이 되는지 가늠해보자.

마지막으로 '효과성'을 따져보자. 대학원에 진학했을 때 잃게 되는 것을 생각해보자. 학업과 일을 병행하다 보면 아무래도 전과 같이 100%의 에너지를 직장에 쏟아부을 수 없다. 혹시나 가정이 있는 사람이라면 아이들과 마음 놓고 놀아줄 수도 없고, 집안일에도 소홀해질 수 있다. 따라서 대학원 진학이 내가 궁극적으로 이루고 싶은 꿈에 방해가 되거나, 성과와 무관한 일은 아닌지 따져봐야 한다.

이러한 것들을 고려해보고도 대학원에 진학하는 것이 중요하다고 한다면, 최종적으로 대학원이 '효과성'을 내는 데 도움이 될 수 있는지 냉정하게 따져보자. 자격증을 따거나 네트워크를 형성하는 것보다 학위를 취득하는 게 과연 더 효과적인 일인지, 노력 대비 부가가치가 높은 일인지 비교해보자. 효과성을 검증하면 하지 말아야 할 일은 줄이고, 부가가치와 실제 기여도가 높은 일에 시간과 노력을 더 많이 투자할 수 있게 된다.

박사학위를 고려하고 있는 당신. 혹시나 박사학위가 과거를 지우기 위한 수단은 아닌지, 아니면 그저 지적인 이미지를 보여주고 싶다는 허세나 욕망은 아닌지 냉정하게 따져보자. 박사학위를 취득하는 것이 혹시나 부가가치가 없다는 판단이 들면, 가차 없이 다른 목표를 향해 나아가자. 더 풍요로운 삶을 살기 위해 많은 시간과 에너지를 투자해야 할 효과성 높은 일이 과연 '박사과정 진학'이 맞는지 자기 자신과 대화해보자.

자, 이제 최종적으로 박사학위를 취득하겠다는 결론을 내린 당신. 당신의 희망찬 여정에 이 책이 함께하고자 한다. 깜깜한 새벽에 맨몸으로 홀로 남겨진 당신에게 이 거친 들판을 헤쳐나갈 수 있는 창과 방패가 되어드리리라.

"삶의 길을 가다 보면 커다란 구렁을 보게 될 것이다.
뛰어넘으라. 네가 생각하는 것만큼 넓진 않으리라." – 조지프 캠벨

정재엽

차례 ————

1장 박사과정 입학 전 고려해야 할 것들 ————

2장 박사과정 입학의 모든 것

3장 직장 생활을 슬기롭게 병행하는 법

6장 박사학위 취득, 그 이후의 삶 —————

1장 박사과정 입학 전 고려해야 할 것들

직장과 학업을 병행하는
사람들의 유형

박사과정을 병행하는 사람들의 네 가지 유형

직장과 박사과정을 병행하는 사람들을 몇 가지로 분류해볼 수 있다. 첫째, '생계형 유형'이다. 이 유형의 사람들은 자신이 처해 있는 조직에서 박사학위를 취득하면 승진에 도움이 되고 연봉도 높아진다. 이런 경우는 보통 속해 있는 조직 내에 박사학위를 취득한 사람들이 많다. 그래서 본인이 다른 동료들보다 업무적으로 뒤떨어지지 않는데도 불구하고 학위 하나만으로 스스로가 '평가절하'된다고 느끼는 경우가 많다. 이런 사람들은 대부분 박사학위를 취득하려는 높은 동기부여가 이미 내재되어 있고, 본인의 의지와 더불어 조건적인 측면에서도 이미 직장과 학업을 병행하기 좋은 환경이 마련되어 있는 편이다. 입학 전에 논문에 관한 주제를 어느 정도 구상한 경우도 많다. 이 유형의 사람들은 대부분 박사과정에 진학한 이후에 개인사에 커다란 변화가 없다면 박사를 취득할 확률이 매우 높다.

둘째, '커리어 체인지형'이다. 한마디로 박사학위를 하나의 '터닝 포인트'로 생각하는 사람들이다. 첫 번째 유형에서 좀 더 발전된 케이스로, 박사학위를 통해 본인의 커리어를 발전시키는 데 머물지 않고 아예 다른 기회를 적극적으로 모색하는 유형이다. 보통 회사 연구실이나 조사 관련, 혹은 공공기관에서 일하는 분들이 이 유형에 해당되는 경우가 많다. 이 경우 대부분 학문적인 몰입도가 높고, 박사학위 취득 이후 학술지논문 발표까지 별 어려움 없이 진행되기도 한다. 교수직이나 연구직으로 이직을 꿈꾸는 경우가 많기 때문에 논문의 수준이 비교적 높다. 이 유형의 경우에는 본인이 풀타임 학생들에 비해 시간적으로 늦었다는 강박에 사로잡히기 쉬우나, 반대로 이를 긍정적인 동기부여로 승화시키면 도움이 될 것이다. '커리어 체인지형'은 임용 등의 문제로 교수님과의 관계에 무척이나 조심스러워하고 공을 많이 들인다.

셋째, '자기 만족형'이다. 보통 경제적으로 어느 정도 여유가 있는 사람들이 이 유형에 속한다. 경제력을 바탕으로 본인을 사회적으로 브랜드화하는 데 박사학위를 활용하고 싶어 하는 사람들이다. 나이가 있거나 한 분야에서 전문성을 인정받은 경우가 많으며, 학업이나 논문 자체의 완성도보다는 졸업을 더 중요시한다. 동기나 선후배 그리고 교수님들과의 친분을 쌓는 데 주의를 기울이며, 커뮤니티를 중요하게 생각한다. 과제물이나 발표 등을 주도적으로 하기보다는 방관자적 참여자로 활동해 때로는 '밉상'으로 전락하기도 한다. 다양한 문제들을 인간관계를 이용해 풀려는 성향이 강하다.

넷째, '박사수료 만족형'이다. 꼭 박사학위를 취득하는 것보다는 학교에 소속되어 있는 것을 더 중요하게 여기는 유형이다. 학문적인 성취보다는 강의에 참여하는 행위 자체가 중요하고, 뚜렷한 목적의식보다는 학교에 소속된 학생으로서의 권리를 누리고 싶어 하는 경우다. 코스워크 기간이 늘어져 학교에 오래 머무는 경우가 많으며, 취업이나 결혼 혹은 출산 등 개인사의 변화가 생기면 학업을 중단하는 사람들이 많다.

이 밖에도 많은 유형들이 있으나, 기억해야 할 것은 어떤 유형이든 돈과 시간, 노력을 들여서 박사과정에 들어온 이상 소정의 목적을 달성하는 것이 중요하다는 사실이다. 누구나 초반에는 열심히 하지 않는가? 그리고 그런 열정이 대부분 코스워크 기간까지는 유지된다. 동기와 선후배들과 함께 수업을 듣는 것도, 수업 이후 뒤풀이에 참여해 커뮤니티를 형성하는 것도 재미있기 때문이다. 그 기간까지는 열정이 뜨겁고, 학업에 대한 동기도 충만하고, 수업도 열심히 따라간다. 그러나 논문학기가 시작되면 사정이 달라진다. '나는 왜 이 힘들고 지겨운 과정을 계속해야 하는가?'라고 자책하게 된다. 여기에 스스로 동기부여를 하고 답을 찾지 않는 이상, 이 지난한 과정을 이어나갈 이유를 상실한다. 이를 '데스밸리(Death valley)', 즉 '죽음의 계곡'이라고 한다. 박사학위를 취득하는 것의 문제는 이 죽음의 계곡을 뛰어넘을 준비가 되어 있느냐의 문제와 다름없다.

결과 중심의 행동 변화

제임스 클리어의 책 『아주 작은 습관의 힘』에는 행동 변화에 관한 모형이 나온다. 행동 변화를 위한 세 단계 중 가장 바깥층은 '결과'를 변화시키는 것이다. 예를 들면 '박사학위 따기' 혹은 '체중 10kg 감량하기' 같은 것이다. 두 번째 단계는 '과정'을 변화시키는 것이다. 결과를 이루기 위한 습관과 시스템을 바꾸는 것으로 박사학위를 취득하기 위한 논문 쓰기, 연구 과정들이 이에 해당한다. 대부분 목표를 위한 습관과 관련되어 있다. 가장 안쪽에 있는 층은 '정체성'을 변화시키는 것이다. 저자는 이 정체성이란 우리가 느끼는 자아상, 인간관계나 세계를 바라보는 시선, 즉 세계관과 관련된 것으로 믿음이나 가치관, 신념에 관한 것이라고 보았다. 이런 행동 변화의 3개 층은 모두 중요하고 유용하다. 다만 문제는 '변화의 방향'이다.

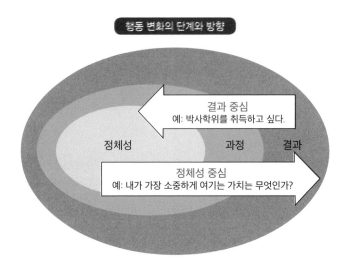

행동 변화의 단계와 방향

결과 중심
예: 박사학위를 취득하고 싶다.

정체성　　　　과정　　　결과

정체성 중심
예: 내가 가장 소중하게 여기는 가치는 무엇인가?

'결과 중심의 행동 변화'는 맨 바깥쪽부터 시작한다. 많은 사람들은 결과 중심의 습관으로 사고한다. 먼저 '박사를 취득하고 싶다'는 결과나 목표를 정하고, 이를 달성하기 위해 자신이 해야 할 행동을 생각한다. 하지만 이런 목표는 자신을 계속 움직이게 하는 신념과 믿음을 고려하지 않는다.

반대로 '정체성 중심의 행동 변화'는 가장 안쪽에서부터 비롯되며 이러한 질문에서 시작된다.

내가 가장 소중하게 여기는 가치는 무엇인가?

이는 내가 가장 중요하게 여기는 가치가 무엇인가에 대한 근원적인 질문이기도 하다. 이를 확대해보면 나는 어떤 사람이 되고 싶은지, 그리고 그런 이상과 정체성을 위해서는 어떻게 변화해야 하는지 고민하게 되기 때문이다.

제임스 클리어는 정체성 중심의 습관으로 사고해야 그 행동을 오랫동안 지속할 수 있고 변화에 성공한다고 이야기한다. 자신에게 적합하지 않은 행동은 오래 유지하기 어렵기 때문이다. 박사학위를 취득하려는 목적도 자기 자신에 대한 근본적인 믿음과 정체성에 기반하지 않으면 과정에 충실하기 어렵고, 결과 또한 좋지 않을 가능성이 크다. 실제로 다른 사람이 취득한 박사학위라는 '결과'를 곁눈질하다가, 이를 자신의 정체성으로 '카피'해 진학하는 사람들이 있다. 진지한 고민 없이 진학을 결정하게 되면 자신의 정체성과 맞지 않아 시간과 돈, 에너지를 낭비하게 될 가능성이 크다. 따라서 자신이 어떤 가치를 중요시 여기고, 무엇을 추구하는지, 그리고 어떠한 사람이 되고 싶은지 깊게 고민하고 박사학위를 준비해야 한다.

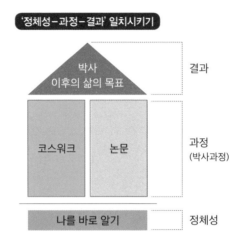

자신의 위치를
파악하자

미래에 대한 로드맵 그리기

박사과정을 해야 할지 말아야 할지 결정하기 위해서는 우선 자신의 현재 위치를 정확하게 알아야 한다. 미래에 대한 나의 로드맵을 그려보면 박사과정이 내 미래에 정말 도움이 될지 쉽게 파악할 수 있다. 지금 이 책을 집은 분들이라면 공부보다는 직장을 선택했으나, 어떤 이유에서건 박사과정을 고려하고 있는 사람들일 것이다. 그렇기에 박사과정을 해야 할지 말아야 할지 오히려 더 쉽게 선택할 수 있다. 나의 커리어 선상에 박사학위가 놓여 있는지, 아니면 커리어를 변화하는 과정에 터닝 포인트로서 박사학위가 있는지 등을 명확하게 파악한 후 결정하는 것이 좋다.

백지장 한 장을 앞에 펼쳐놓고 잠시 눈을 감아본다. 이루고 싶은 꿈이나 목표를 떠올려본다. 나를 가슴 뛰게 만들었던 것들, 어렸을 때 내가 멋지다고 생각했던 인물들을 떠올려보자. 대학 시절, 치열한 입시에서 벗어나 학문적 자유를 만끽할 때 나를 감동시켰던 강의를 떠올려보는 것도 좋겠다. 그런 가슴 뛰는 순간들이 현실의 벽에 부딪혔을 때, 감추고 묻어두어야 했던 나의 떨림들을 이제 조금씩 펼쳐보는 것이다. 이제 경제활동을 하고 있으므로 나의 미래를 개척할 만한 여건은 되어 있을 것이다. 그리고 미래에 나를 가로막는 것이 없다는 전제하에 내가 원했던 미래에 이르는 과정을 그려보자.

먼저 내가 다다르고자 하는 최종 목표와 그 사이의 중간 목표를 달성하기 위한 연도와 나이를 기입해보자. 해당 목표까지 가는 데 걸리는 시간은 5년, 10년 이렇게 기입한다. 그다음에는 순서를 바꾸어 최종 목표에서부터 거꾸로 내려가면서 반드시 거쳐야 할 중간 목표들과 출발점에 현재 하고 있는 일과 연도 및 나이를 기입해보자. 중간 목표들은 때로는 터닝 포인트일 수도 있다.

로드맵을 다 그린 후에는 목표 달성을 위한 방법과 예상되는 문제들 그리고 그에 대한 대비책을 찾아보고, 미래의 목표 달성을 위해 오늘 해야 할 일을 한 가지씩을 찾아보자. 또한 내가 가고자 하는 길의 중간에 '박사학위 취득'이 있는지, 내가 이루고자 하는 최종 목표를 위해서 '박사'라는 타이틀이 필요한지 살펴보자. 만약 주위에 그 길을 이미 걸어간 선배가 있다면 그들에게 이메일을 보내 도움을 청하거나 직접 찾아가 조언을 구해보자.

2043년 / 70세
위험관리 및 스타트업 회사에 대한 탁월한 학문적 업적을 인정받아 노벨경제학상 수상. 주 연구 분야: 협상, 스타트업, 위험관리(기업회생 포함).

2038년 / 65세
게재된 논문과 이론을 바탕으로 다보스포럼에 초대받아 기조연설을 함. 전 세계의 이목을 집중시키며, 위험관리에 관한 새로운 대안을 제시했다는 평가를 받음.

2033년 / 60세
스타트업에 관한 생성과 성장 주기를 과학적으로 증명하고, 지속가능한 해법을 제시한 공로로 노벨 경제학상의 전초전이라고 불리는 Dan David Prize 수상.

2028년 / 55세
전 세계 경영경제 분야의 가장 권위 있는 학술지인 「Academy of Management Journal(AMJ)」에 협상, 스타트업, 위험관리(기업회생 포함) 관련 논문 등재 시작. 이후 매년 2편 이상의 논문을 등재.

2024~2028년 / 51세~55세
매년 해외 학술지에 1~2편 게재. 55세까지 협상, 스타트업, 위험관리 관련 이론 확립(기업현장에서).

2022년 / 49세
해외학술지, 국내학술지 SSCI 단독 저자로 5편 이상 등재.

2021년 / 48세
박사논문 후속 학술지 게재 시작. 국내학술지, 해외학술지 SSCI 포함 5편을 공동저자로 게재.

2020년 / 47세
박사학위 취득. 한국갤럽 우수논문상 수상. 한국협상학회 우수논문상 대상 수상.

로드맵을 너무 정확하게 그리려 하거나 너무 구체적으로 그리지 않아도 좋다. 작은 부분에 신경을 쓰다 보면 전체적인 길을 설계하기가 힘들어질 수 있다. 로드맵은 목표와 그것을 이루는 과정을 시각화하기 위해 필요한 것이지 오차 없이 그대로 살기 위해 필요한 교본이 아니다. 따라서 로드맵은 생각이 바뀌면 부분적으로 바꿀 수 있어야 한다. 그려놓은 로드맵대로 살아야 하는 것도 아니고 그럴 수도 없다.

나의 욕구는 무엇인가?

인터코치의 최고경영자이자 능력개발 코치인 로라 버먼 폴트강은 『나를 위해 살아라』라는 책에서 다음 네 가지 질문들을 통해 자신의 욕구가 무엇인지 정확하게 파악할 수 있다고 이야기했다.

1. 당신의 가장 큰 욕구는 무엇인가?

돈, 권력, 직위, 명예, 책임감 등 이런 항목 뒤에 어떤 욕구가 숨어 있는지 살펴보자. 권력이 욕구라면, 최고가 되고 싶은 욕망인지 혹은 존경받고 싶은 욕망인지 등을 구분하고 세분화해서 가장 큰 욕구를 찾을 때까지 계속 생각하면서 적어보자.

2. 인생의 어떤 점이 부족한가?

현재 내가 무엇에 만족하지 않는지, 충족되지 않은 욕구는 무엇인지 그리고 불편하게 생각하는 것은 무엇인지 등을 생각나는 대로 즉시 종이에 적어보자. 이렇게 적다 보면 불만을 통해 반대로 내가 원하는 것이 무엇인지를 알 수 있게 된다.

3. 왜 초조해하는가?

무엇이 원인인지 모르지만 괜히 짜증이 나거나 화가 났던 경험이 있을 것이다. 현재에 대한 불만족이나 미래에 대한 불확실감을 느낄 때 감정이 불안해지곤 한다. 초조함의 원인이 무엇인지 냉정하게 관찰하고 기록해보자. 문제점들을 적다 보면 한결 평온함을 느낄 것이다.

4. 다른 사람들은 당신을 어떻게 생각하는가?

가장 신뢰하는 세 사람을 정하고, 그들에게 내가 어떤 욕구를 중요하게 생각하는지를 질문해보자. 친구나 배우자 혹은 직장 상사가 될 수도 있다. 그들이 나보다 나를 더 정확하게 알고 있을 수도 있다. 이는 자신을 객관적으로 바라보는 데 좋은 기회가 될 것이다.

자, 본인이 만든 로드맵을 다시 살펴보자. 최종 목표를 위해서 가까운 미래와 현재에 할 일들을 보다 보면, 모든 일들이 중요하게 느껴지고 또 해야 할 일이 너무나 많다는 사실에 놀랄 것이다. 수많은 일 속에 파묻혀 있다 보면 때로는 중요한 일들보다 당장에 시급한 일들을 선택할 수도 있다.

그런데 생각을 바꾸어 미래 목표를 기준으로 거꾸로 현재 내가 놓여 있는 위치를 바라보면 선택의 폭이 줄어든다. 당장 현실에는 펼쳐져 있지만, 필요 없는 일들이 눈에 보인다. 이런 일들을 과감하게 생략할 수 있게 되는 것이다. 직장을 다니는 사람들이라면 아마도 이러한 역산 스케줄링에 익숙할 수도 있겠다. 즉 고객이 요청한 납기일을 기준으로 거꾸로 배송, 포장, 품질테스트, 생산, 원자재 구매 등을 계산해 스케줄을 잡는 것을 의미한다. 학업과 일을 동시에 해내고자 할 때도 목표와 최종 달성 시한을 먼저 정해야 한다. 최종 목표에서 현재 지점까지 거리를 파악하고 역으로 계산해 지금 당장 처리해야 할 과제를 선정하는 방식이다. 덜 바쁘기 위해서, 더 중요한 일을 우선적으로 하기 위해서는 자신의 현재 위치를 파악하는 것이 첫 번째 일이다.

어느 학교,
어느 과에 들어갈까?

10년 뒤를 생각하라

박사과정 입학을 고려한다면, 최소한 앞으로 10년 안에 일어날 일들을 미리 계획하고 생각해봐야 한다. 풀타임은 코스워크를 약 2년 만에 마칠 수 있지만, 직장과 병행하는 경우에는 짧아도 5학기, 즉 2년 반이나 혹은 3년 이상 걸리는 경우가 많다. 그 이후에 논문을 쓰기 위한 준비 과정과 학술지 발표, 그리고 박사종합시험 등을 더하면 졸업하기까지 필요한 기간은 대책 없이 길어질 수도 있다. 최근에는 많은 학교들이 졸업이 너무 늦어지는 것을 방지하기 위해서 졸업해야 하는 기간을 입학 후 몇 년 이내로 정해놓기도 한다.

박사학위를 취득하고자 한다면 향후 10년을 내다보고 결정해야 한다. 박사학위 그 자체보다 그 이후에 추구해야 할 일들이 많기 때문이다. 따라서 전공을 선택할 때도 10년 이후를 예측하고 결정해야 한다. 인터뷰이 중 특수교육학을 전공하신 정인숙 박사님이 바로 그 경우다. 정인숙 박사님은 특수교육이라는 학문 자체에 매력을 느끼기도 했지만, 한국에서 워낙 척박했던 분야라 이 분야에서는 최고가 될 수 있을 것 같다는 강한 소신이 있었다. 정인숙 박사님은 박사학위 취득 이후 미국에 머물며 박사 후 과정(Postdoc course)을 밟으셨고, 현재 국립서울농학교 교감으로 재직 중이다. 직장을 다니면서 박사과정을 진행하실 때도 늘 '10년 후의 나'를 상상하며 하루하루를 충실히 보내셨다고 한다.

직장인이 많은 학과가 졸업에 유리하다

전공을 선택할 때 고려해야 할 또 한 가지 팁은, 박사과정 학생을 많이 뽑는 학과에 입학하는 것이 절대적으로 유리하다는 것이다. 이런 학과에서는 보통 풀타임 학생들과 파트타임 학생들이 함께 수업을 듣는다. 학생들이 많으면 졸업 후에도 방대한 네트워크를 형성할 수 있다는 점, 많은 선후배와 동기들을 통해서 교수님들에 관한 정보를 얻을 수 있다는 점이 좋다. 또한 인원이 많으면 많은 사람들과 감정적인 교류를 할 수 있으며, 논문 주제 선정과 논문 심사에 있어서도 절차상 낯선 상황을 상대적으로 덜 겪게 된다.

어쩌면 박사과정에서 어떤 전공을 선택할 것인가에 관한 것을 논하는 것 자체가 부질없는 일일 수도 있다. 박사과정의 전공 선택은 지극히 개인적인 이유에서 비롯되기 때문이다. 현재는 별로 인기가 없는 전공이나 학과라 하더라도 10년 뒤를 내다볼 때 발전 가능성이 무궁무진하다면, 비록 학부나 석사의 전공과 다르고 조금 낯설더라도 미래를 보고 과감하게 선택할 수도 있다.

통학이 가능한 학교를 선택하자

직장을 다니면서 대학원을 병행하려는 사람들이 중요하게 고려해야할 것 중의 하나는 바로 '학교와 직장의 거리'다. 이는 코스워크 기간에는 더욱더 중요하다. 야간에 수업을 듣는 경우 시간적인 부분을 고려하지 않을 수 없다. 인터뷰에 참여해주신 류기동 박사님은 직장과 학교의 거리가 멀어 도저히 일과 수업을 병행하기 어려워 이직을 하신 케이스다. 학교가 있는 혜화동에서 직장이 있던 분당까지 이동시간이 너무 많이 걸려 아예 직장을 옮긴 것이다. 가능하다면 최대한 직장에서 이동하기 편한 학교를 선택하는 것이 좋다. 직장이 지방에 있고, 학교는 서울에 있는 경우도 있다. 이런 경우에는 주로 수업이 있는 날 연차를 내는 방법을 택한다.

인터뷰에 응해주신 김광추 박사님은 학교와 직장이 가까운 경우다. 덕분에 코스워크 기간 동안 '퇴근' 후에 매일 학교 연구실로 '출근'해서 후배들과 스터디를 할 수 있었다. 공학 박사학위의 특성상 연구실에서 밤을 새우며 연구하는 일도 비일비재해, 밤을 새운 다음 날 아침에 연구실에서 회사로 바로 출근한 날도 있다고 하셨다. 학교와 직장이 가까워 시간을 많이 아낄 수 있었고, 그 덕에 많은 시간과 노력을 요구하는 공학 박사학위를 취득할 수 있었다.

지도교수는
어떻게 선택하는가?

지도교수님은 만들어가는 것이다

박사과정은 학부와 성격이 다르다. 직장을 다니면서 박사과정을 이수하는 사람들은 철저하게 본인의 의지로 지원하는 경우가 많다. 따라서 지도교수와의 사전 면담도 철저하게 '선택'하는 경우가 대부분이다. 더군다나 직장을 다니면서 파트타임으로 박사과정을 진행하는 경우 시간과 노력, 돈이 들어가므로 많은 희생을 필요로 한다. 교수 입장에서도 학생들에게 함부로 박사과정 입학을 권하기도 어려운 일이다. 실제로 박사과정을 원하는 대부분의 학생들이 교수님께 먼저 다가가 진학 의사를 표하는 편이다.

가만히 보면 지도교수와의 관계는 학생이 만들어가는 경우가 많다. 이는 공부를 해나가면서 지속적으로 소통을 해야 한다는 측면에서 사회생활과 흡사하다. 교수님께 그간의 결과물들을 확인받으면서 칭찬도 받겠지만, 때로는 학문적 발전을 위해 채찍질을 당하는 등 자극을 받게 될 수도 있다. 그러나 다음 날이면 다시 웃으며 연구를 진행할 수 있는 '회복탄력성'을 지니고 있어야 한다.

직장과 학업을 병행하는 사람들에게 지도교수란 단순한 상하 관계가 아니라, 한 배를 탄 조력자일 수도 있다. 또한 다른 조직에 있지만 같은 프로젝트를 함께 진행하는 TF(Task Force)팀일 수도 있다. 특히 우리나라 정서상 교수와 제자의 관계는 비즈니스 그 이상의 끈끈한 정이나 개인적인 친밀감을 요구할 수도 있다. 비즈니스와 다른 점은 비즈니스는 파트너가 마음에 들지 않으면 다른 파트너를 찾거나 혹은 그 프로젝트를 포기하고 다른 기회를 찾을 수 있지만, 박사 과정은 지도교수와의 관계를 정리하고 다른 교수님을 찾는 것이 쉽지 않다는 것이다. 철저하게 논문만으로 관계가 이루어진 경우를 제외하고는 쉽게 지도교수를 변경하기 어렵다. 그러므로 처음부터 지도교수를 선택할 때 그 교수님 아래에서 졸업한 선배들을 미리 만나보거나, 지도받은 선배들의 논문 몇 편을 보면서 어느 정도 수준인지 가늠해보는 것도 도움이 된다. 그리고 무엇보다도 학생들에게 친절하게 지도를 잘해주시는지 여부를 여러 가지 채널을 통해서 확인해야 한다.

후에 설명하겠지만, 논문의 주제뿐 아니라 스타일과 학문적인 성취는 철저하게 지도교수에게 달려 있다. 입학 때부터 정해놓은 논문 주제가 있거나 특별히 선호하는 내용이나 데이터가 이미 있는 게 아니라면, 지도교수가 이끌어주는 대로 따라가는 것이 좋다. 지도교수가 연구하는 전문 분야가 딱히 싫지 않다면 그간의 노하우를 전수받는 것이 시간과 노력을 줄이는 지름길이다.

지도교수 컨택 노하우

일단 본인이 다루고 싶은 주제가 있다면, 그 주제에 관한 논문을 검색해본다. 국내 논문은 한국교육학술정보원에서 제공하는 학술연구 정보 서비스인 RISS과 한국학술정보 KISS 같은 논문 검색 사이트 정도만 보아도 충분하다. 해당 주제로 검색된 논문의 제목과 저자들의 정보를 빠르게 훑어본다. 그리고 그 분야에 대한 논문을 많이 쓴 저자가 누구인지를 검색해보면 2~3명 정도로 압축할 수 있을 것이다. 그분이 특정 학교에 소속되어 있다면 그 학교, 학과의 홈페이지를 방문한다. 보통 학과 홈페이지에는 교수님들의 이력서나 주요 연구 논문 실적이 리스트업 되어 있는 경우가 많다. 그 논문 리스트를 정리해 다시 논문 검색 사이트에 들어가서 다운받아 읽어보자. 논문을 읽으면서 본인이 생각한 주제와 이미 그 주제에 대해서 교수님들이 연구한 부분이 어떤 차이가 있는지 살펴보자. 그리고 그런 차이들을 일목요연하게 정리하고 의견을 덧붙여 본인이 앞으로 연구하고 싶은 부분을 정리해보자.

자, 다음은 교수님께 이메일을 보내보자. 학과 홈페이지에는 교수님들의 이메일 주소가 대부분 적혀 있다. 그 주소로 본인이 나름 대로 조사한 연구 주제들에 간단한 코멘트를 곁들여 이메일을 보낸다. 물론 이메일을 보내는 목적은 그 학교, 그 학과, 그 교수님 제자로 들어가고 싶다는 의지를 피력하는 것이다. 몇몇 교수님들은 따로 시간을 내서 한번 방문하라고 하실 것이다. 교수 연구실로 오라는 이메일을 받으면 일단은 성공이다. 이 단계에서 한 가지 주의해야할 것은 지도교수 컨택 이전에, 앞서 언급했던 학교 위치와 통학 가능 여부를 미리 고려해둬야 한다는 사실이다.

면담 과정에서 교수님들도 학생이 어떤지 보겠지만, 학생들도 교수님이 어떤 분인지 파악해야 한다. 결과적으로 박사과정을 지원하고 등록금을 납부하는 것은 여러분이다. 그러므로 면담 시 교수님이 어떤 성향인지를 빠르게 파악할 필요가 있다. 교수님이 수평적인 관계를 유지하려고 하는지, 아니면 수직적으로 지도하는 스타일인지, 그 교수님의 지도를 받은 학생은 얼마나 되고, 현재 박사과정을 밟고 있는 학생들이 얼마나 되는지 등 최대한 많은 정보를 알아내면 좋다. 하지만 너무 예의에 벗어나지 않는 차원에서 교수님께 질문을 던져야 한다. 기회가 된다면 학술대회에 방문해 그 교수님이 발표하는 내용을 들어보는 것도 한 방법이다. 학술대회에서는 그 교수님이 학회에서 어느 정도의 영향력이 있는지 한눈에 파악할 수 있다. 학술대회에서 자연스럽게 교수님을 살펴보거나 질문을 드려보아도 좋고, 그 기간 중 잠시 면담을 청하는 방법도 나쁘지 않다. 많은 질문과 답변이 오가는 장이 바로 학술대회 기간이다.

박사과정 학생은 교수님과 함께 5~6년간은 동고동락해야 하므로, 마치 배우자를 고르는 것처럼 신중하게 결정해야 한다. 물론 교수님 때문에 하고 싶은 전공을 포기하는 우를 범해서는 안 된다. 다만 강조하고 싶은 것은 소위 지도교수와의 '케미'가 잘 맞아야 한다는 것이다. 요즘은 마음만 먹으면 얼마든지 개인적으로 연락을 취할수 있다. 먼저 교수님에 대한 정보를 최대한 많이 알아낸 다음, 연구 방향과 성향 등이 자신이 추구하는 바와 맞다면 사전에 연락하는 방법을 추천한다.

시간, 돈, 가족의 지지가
모두 충분한가?

개인적인 시간을 확보할 수 있는가?

자신이 현재 놓여 있는 상황을 정확히 파악해보자. 자기 자신이 미래에 하고자 하는 것과 현재 처한 상황을 되도록 냉정하게 파악해야 한다. 그중 현실적으로 고려해야 할 몇 가지 것들을 체크해보자.

우선 '개인적인 시간'을 확보할 수 있는지 확인해야 한다. 학업을 위해 시간을 낼 수 있느냐는 의미다. 직장을 다니면서 박사학위를 취득하는 데는 어림잡아 5~6년이라는 시간이 필요하다. 어떤 선택을 할 때는 그것으로 인해 포기해야 하는 기회들까지 고려해야 한다. 시간, 돈, 능력 등 주어진 자원이 제한적이기 때문에 우리에게 주어지는 모든 기회를 선택할 수는 없다. 어떤 기회의 선택은 곧 나머지 기회들에 대한 포기를 의미한다. 오스트리아의 경제학자 프리드리히 폰 비저는 그의 저서『사회경제이론(Theorie der gesellschaftlichen Wirtschaft)』에서 이러한 개념을 '기회비용'이라는 용어로 설명했다.

학업에 쏟아부을 노력과 시간에 대한 기회비용을 고려하지 않으면 안 된다. 공부가 인생의 전부는 아니다. 그 시간에 경제적인 일을 할 수도 있고, 가족과 즐거운 추억을 만들 수도 있다. 공부를 시작함으로써 가족과 떨어져서 책과 씨름하며 외로운 시간을 보내야 하는 것은 그만큼의 기회비용을 상실하는 것일지도 모른다.

또한 공부에 필요한 절대적인 시간을 확보하는 것도 중요하다. 직장이나 육아 등을 병행하면서 개인적으로 공부에 몰입할 수 있는 시간과 여건을 마련할 수 있는지도 체크해봐야 한다. 구체적인 일정을 생각해 미리 시간을 계산해두는 것도 좋다.

실제 논문을 쓰는 학기가 되면, 수업에 참석하지 않고 지도교수와 개별적으로 논문을 진행하게 된다. 그때 지도교수가 혹시나 안식년으로 자리를 비우지는 않는지, 회사 일로 해외 체류 기간이 길어질 일은 없는지 등을 미리 알아놓는 것이다. 그래야 만일의 사태에 대비하고 시간을 아낄 수 있다. 중간에 공부의 흐름이 끊기면 그만큼 다시 복구하는 데 시간이 배로 소비되므로, 웬만한 일정은 박사학위 이후로 미루거나 혹은 이러한 일들을 먼저 처리한 후에 학위과정을 진행하는 것이 좋다.

경제적인 여유가 있는가?

그다음으로 고려해야 하는 것은 등록금을 댈 수 있을 정도의 '경제적인 여유'다. 직장을 다니기는 하지만, 입학할 때 내야 하는 입학금은 물론이고 매 학기마다 지불해야 하는 등록금도 적지 않다. 그리고 매 수업마다 선후배, 동기들과 식사하며 교제하는 것까지 고려한다면 어느 정도 더 경제적인 여유가 있어야 박사과정을 수행할 수 있다. 따라서 이러한 비용들이 지출되는 것을 감안하더라도 박사학위를 취득하는 것이 본인의 미래에 도움이 될지 여부를 심도 있게 고려해야 한다.

또한 직장과 학업을 병행하는 기간 동안 연봉이 큰 폭으로 오르거나 승진의 기회가 없을 수 있다는 가능성도 고려해야 한다. 아무래도 학업에 신경을 쓰다 보면 조직 생활에 100% 몰입하기 어려운 경우가 발생하기 때문이다. 이는 곧 경제적인 여건에 영향을 주기도 한다.

간혹 직장을 다니면서 박사과정을 준비하는 사람들 중에 학교에서 장학금을 수령할 수 있는지 알아보는 경우가 있다. 그런 분들에게는 '장학금은 깔끔하게 포기하시라'고 말씀드리고 싶다. 학교에서 제공하는 장학금은 보통 조교를 수행하는 학생을 위한 것이고, 간혹가다 성적장학금을 주기도 하지만 장학금을 위해 성적에 너무 신경을 쓰다 보면 이도 저도 안 되는 경우가 많다. 따라서 직장과 대학원을 병행하는 사람이라면 현실적으로 장학금은 포기하는 편이 낫다.

가족들의 지지가 있는가?

가장 중요하지만 많은 사람들이 간과하는 것은 '가족의 지지'다. 박사과정에 들어서자마자 많은 스트레스를 감내해야 한다. 하다못해 코스워크에서 수업만 듣는 것도 쉽지 않다. 직장동료와 상사의 눈치를 살펴야 하는 경우도 허다하게 발생한다. 박사과정은 당장 눈에 보이는 가시적인 성과가 없으므로 자칫 잘못하면 후순위로 밀려나기 쉽다. 이럴 때 가족들의 지지가 절대적으로 필요하다. "어렵게 시작했으니 걱정 말고 공부하자." "박사를 하겠다던 처음 다짐을 잊지 말자." "초심을 잃지 말고 우리 온 가족이 함께하자." 등의 다독임을 받을 수 있는 환경이 중요하다.

또한 가족들이 책상 앞에 앉아 있어야 하는 시간들을 배려해줄 수 있는지도 따져보아야 한다. 특히 코스워크 기간에는 중간고사, 기말고사 기간이 있으므로 그 기간을 전후로 학업에 집중해야 한다. 따라서 가족 여행이나 경조사 참석이 어려울 수 있으니 이러한 부분을 이해해줄 수 있는지도 가족들과 사전에 충분히 상의해야 한다.

인터뷰에 응해주신 분들 중에 박사 부부도 계셨다. 바로 임장근 박사님과 정인숙 박사님이다. 정인숙 박사님께서 먼저 학위를 취득하셨는데, 임장근 박사님께서 논문 진도가 나가지 않아 의기소침해졌을 때 "남편! 나도 박사학위를 마쳤는데 당신이 해내지 못한다는 것은 말이 안 됩니다. 다시 힘내세요!" 하며 용기를 북돋아주셨다고 한다. 일과 가정, 그리고 학위과정까지 놓치지 않고자 한다면 이러한 가족들의 지지가 절대적으로 필요하다.

100% 만족은 불가능,
포기할 것은 포기하자

사실 직장 하나만 다니기도 충분히 벅차다. 출근할 때부터 퇴근할 때까지 상사의 눈치를 보면서, 또 실적에 쫓기며 일한다. 혹시나 상사로부터 깨지기라도 하는 날이면 술 한잔 기울이며 하루를 마감하곤 한다.

회사를 다니는 사람뿐만 아니라 회사를 운영하는 사람들의 고충도 적지 않다. 비록 본인이 선택하는 자유는 많을지언정 모든 책임은 본인이 져야 한다. 거래처 직원들이 일은 잘 하는지, 이번 달 직원들의 월급은 나갈 수 있는지, 마감은 잘 할 수 있는지 등의 고민을 하다 보면 자다가도 벌떡 일어나게 된다.

일, 가정, 학업 다 병행할 수 있을까?

이렇게 직장 하나만 꾸려나가는 것도 벅찬 생활 속에서 박사학위를 진행하는 것은 쉬운 일이 아니다. 아니, 어려운 것이 당연하다. 박사학위 취득은 본인이 열심히 한다고 해서 되는 것이 아니기 때문이다. 그러니 모든 것을 100% 다 완벽히 해낸다는 것은 사실상 불가능하다. 인간의 능력과 에너지는 한계가 있기에 한정된 에너지를 어디에, 얼마나, 어떻게 배분해 전진할 것인지를 고민하는 것이 더 현명한 선택이다. 모든 것을 다 잘해내겠다는 생각을 조금 내려놓고 오히려 '일, 가정, 학업'의 삼각 밸런스를 맞추는 것에 집중하자.

예를 들면 이런 것이다. 다음 주 수요일은 전공 과목 해외 논문 발표일이다. 그리고 마침 배우자의 생일이 화요일이다. 그런데 회사에서 목요일까지 신사업 계획서를 제출하라는 지시가 내려왔다. 당신은 어떤 선택을 하겠는가? 필자는 일, 가정, 학업의 삼각 밸런스를 유지하기 위해서 다음과 같은 선택을 할 것이다. 먼저 배우자에게 미리 해외 논문 발표와 신사업 계획서 마감이 있음을 말해놓는다. 그리고 배우자에게 양해를 구해 다음 주 화요일에 예정된 생일 파티는 이번 주 일요일에 먼저 한다. 생일 당일 아침에는 온 가족이 30분만 일찍 일어나서 케이크에 촛불을 켜놓는 정도로 간단하게 축하하고, 수요일에 있을 논문 발표와 목요일 마감인 신사업 계획서를 준비하는 것이다. 혹은 신사업 계획서 준비가 양이 많고 시간이 오래 걸릴 것 같다면, 같은 과의 동기에게 발표 순서를 바꿀 수 있는지 부탁하는 것도 한 방법이다. 이번에 내 순서를 대신해서 준비를 부탁하고, 다음에 예정되어 있는 순서를 내가 하는 식이다. 그리고 이런 사항을 정리해 교수님께 보고드린다.

생일 축하도, 수업 발표도, 신사업 계획서 작성도 100% 잘 하면 좋겠지만 그럴 수 없음을 우리는 너무나도 잘 안다. 물론 그렇다고 해서 어느 하나를 외면하라는 뜻이 절대 아니다. 오히려 다 잘하자고 하는 말이다. 중요도를 비교해 중요한 일을 우선적으로 해결하는 지혜를 발휘한다면 생각처럼 힘들지 않을 것이다.

한 가지를 포기한다면 무엇을 포기할까?

다시 가정해보자. 만약 위의 세 가지가 다 중요한 것이라면 어떻게 하겠는가? 이런 경우를 대비한 마인드 컨트롤 비법이 있다. 모든 것이 다 중요하다는 판단이 설 때 역으로 이렇게 질문해보는 것이다.

지금 만약 한 가지를 포기한다면 무엇을 포기할까?

한 가지를 포기하자는 말이 아니다. 궁극적으로 모든 것을 다 끌고 가야 하는데 현재 이 시점에서 잠깐 중단해도 되거나, 혹은 조금 미룰 수 있다면 일단 제쳐놓자는 것이다. 이 질문을 스스로에게 던졌을 때, 그에 대한 답으로 '학업'이 나오면 '일'과 '가정'에 해당하는 일들을 우선적으로 실시한다. 그리고 그 일들을 마무리한 다음에 학업을 수행하는 것이다. 지금 포기할 수 있는 것을 고르는 일은, 곧 현재 처한 상황에서 무엇에 가중치를 두어야 하는지 역으로 알 수 있는 잣대가 된다.

직장 생활과 학업을 병행하면 꼭 2개의 세계가 충돌하는 상황이 생긴다. 갑자기 야근이 잡혀 저녁 수업에 가기 힘든 상황이 벌어진 다거나, 중요한 회식이 하필 기말고사 시험 당일에 잡힌다. 가정이 있는 사람들은 고충이 더하다. 논문 발표를 하기로 한 날에 집안에 일이 생기거나, 졸업시험 날과 경조사가 겹칠 수도 있다.

따라서 이런 상황에 처하기 전 마음속으로 우선순위를 미리 정해 두는 것이 필요하다. 그때 박사과정을 1순위로 정하자. 회사에 일이 있어도 무조건 대학원으로 향하자. 완벽보다는 최선을 다한다는 생각이 중요하다. 학교에 가야 하는 날에는 집 핑계를 대서라도 학교로 향해야 한다. 회사에는 집 핑계, 학교에는 회사 핑계, 집에는 회사 핑계 대면서 요령이라도 부려보자. 이런 삶이 평생토록 지속되지는 않는다. 눈 딱 감고 2년 반만 참으면 된다. 그 기간 동안만 눈물을 흘려라.

류기동

★ ★ ★ ★ ★

47세,
성균관대학교 경영학 박사(2017년 취득),
現 코어시큐리티 이사, 한양대학교 겸임교수

Q   현재 소속이 있다면 알려주세요.

A   저는 현재 IT 보안 회사 HR실 이사와 한양대학교 겸임교수로 재직 중입니다.

Q   박사과정에 언제 입학하셨고, 언제 졸업하셨나요?

A   2009년에 성균관대학교 경영학과 인사조직 전공으로 박사과정을 시작해
2017년 여름에 학위를 마쳤습니다.

Q   '박사님'이라고 불리시니까 기분이 어떠신지요?

A   부끄럽기도 하고 부담도 됩니다. '박사'라는 칭호도 좀 낯설기도 하고요. 저
는 솔직히 제 스스로 아주 스마트한 사람이 아니라고 생각했거든요. 최선
을 다해 열심히 공부는 했지만, 함께 공부하는 동기나 선후배에 비하면 늘

부족하다고 느끼던 사람이었으니까요. 그래서 저처럼 직장을 다니면서 박사과정을 생각하거나, 박사과정을 하고 계신 분들 중에 자신이 부족하다고 생각하는 사람이 있다면 제 이야기가 조금이나마 도움이 되었으면 하는 바람입니다.

Q 박사님은 어떤 계기로 박사과정을 시작하게 되셨나요?

A 석사과정 중에 지도교수님과 안랩에서 인사컨설팅을 하고, 그 인연으로 안랩에 입사해 10년 정도 일하고 있을 때였습니다. 입사한 지 10년 정도 되다 보니 일이 편해지면서 어느 순간 제가 안일하게 업무를 보고 있다는 것을 깨닫게 되었습니다.

그 당시 저는 회사에서 우선순위를 두고 있는 ERP 구축과 새로운 인사전략 수립 작업에 참여하고 있었습니다. 그래서 석사과정 때 지도교수님이셨던 권석균 교수님을 찾아뵙고 기획한 인사전략에 관한 사항을 말씀드렸는데, 그때를 생각하면 지금도 진땀이 납니다. 한마디로 완전히 깨졌습니다. "인사전문가로서 프로다운 통찰력이 부족하고, 인사기획자로서 열정이 부족해 보인다."라는 이야기를 들었을 때 얼마나 부끄러웠는지 모릅니다. '뭐지? 그렇다면 나는 이제 무엇을 해야 되지?' 고민한 끝에 '솔개에게 배우는 교훈'이라는 글귀를 보고 박사과정을 시작해보자는 결론을 내리게 되었습니다.

Q 솔개에게 배우는 교훈이요? 그게 뭔가요?

A 솔개는 새 중에서도 수명이 매우 긴 편으로 약 70~80년을 산다고 합니다. 하지만 솔개가 그렇게 오래 살기 위해서는 반드시 거쳐야 할 힘든 과정이 있습니다. 솔개가 태어나 40년 정도를 살면 부리가 구부러지고, 발톱은 닳아서 무뎌지고, 날개는 무거워져 날기도 힘든 볼품없는 모습이 되고 맙니

다. 그렇게 되면 솔개는 중요한 선택을 해야 합니다. 그렇게 지내다가 서서히 죽느냐, 아니면 고통스러운 과정을 이겨내고 새로운 삶을 살 것이냐.

변화와 도전을 선택한 솔개는 바위산으로 날아가서 둥지를 틉니다. 솔개는 자신의 부리로 바위를 마구 쪼기 시작합니다. 낡고 구부러진 부리가 다 닳아 없어질 때까지 쪼아버립니다. 그러면 닳아진 부리 자리에서 매끈하고 튼튼한 새 부리가 자랍니다. 그리고 새로 나온 부리로 자신의 발톱을 하나씩 뽑기 시작합니다. 그렇게 낡은 발톱을 뽑아버려야 새로운 발톱이 나오기 때문입니다. 마지막으로 새 깃털이 나오도록 망가진 깃털 역시 하나하나 뽑아버립니다.

그렇게 생사를 건 130여 일이 지나면 솔개는 새로운 모습으로 40년의 삶을 더 살 수 있게 된다고 합니다. 그런 고통을 겪지 않은 솔개는 그저 40년의 생을 살고는 서서히 죽음에 이르게 된다고 합니다. 이런 솔개의 생을 통해 교훈을 얻어 39세라는 나이에 박사과정을 시작해보자고 결심하게 되었습니다.

Q 직장과 수업을 병행하는 게 쉽지는 않으셨겠어요. 어떻게 이 둘을 병행하셨는지요?

A 박사과정을 직장과 병행해야 했기에 대부분의 수업을 오후에 듣게 되었습니다. 그런데 막상 입학하고 보니 당시 다니던 회사에서 학교까지 가는 데 시간이 너무 오래 걸리더라고요. 판교에 있는 회사에서 혜화동에 있는 학교에 다니려니 회사에 양해를 구하기도 죄송스러웠고 체력적으로도 힘에 부쳤습니다. 그래서 과감히 다른 회사로 이직하기로 결심했습니다.

사실 박사학위를 위해 이직을 결정하기까지는 많은 사람들의 반대가 있었습니다. 회사에서 기반도 다졌고, 나이도 곧 마흔인데 리스크가 너무 크다는 이유였습니다. 그런데 아내와 상의를 하던 중 "당신은 하고 싶으면 해야 되는 사람이잖아. 내가 말린다고 안 하겠어? 대신 하려면 제대로 해."라고 덤덤하게 해준 말이 아직도 기억납니다. 눈물이 날 정도로 고마웠고, 이에 굳은 다짐을 하게 되었습니다.

이직한 회사에서는 제가 박사학위를 병행한다는 사실을 입사 때부터 알렸고, 최대한 업무에 지장이 없게끔 하겠다고 말씀드렸습니다. 박사과정에 입학한 이후 제 생활은 많이 바빠졌습니다. 주중에는 새벽 5시에 일어나 7시까지 출근해 오후 4시까지 근무하고, 오후 5시부터 8시까지 대학원 수업을 들은 후, 밤 10시에 집에 도착하면 저녁을 먹고 새벽 2시까지 3개 과목의 발표 준비를 하는 식이었습니다. 퇴근하자마자 학교로 이동해 수업을 들어야 하기에, 따로 저녁식사를 할 여유가 없었습니다. 그래서 김밥을 사들고 학교로 가는 지하철 내에서 눈치를 보며 허겁지겁 입에 김밥을 넣으며 허기를 달래던 날들이 기억납니다. 코스워크 기간 동안 주말엔 대부분 도서관에서 보냈습니다. 지금 생각해보면 많이 힘들었지만 무언가에 몰입해 성장과 성취를 느낄 수 있었던, 제 인생에 가장 행복했던 시절이 아니었나 생각합니다.

Q 박사과정을 하시면서 기억나는 에피소드가 있다면 소개해주세요.

A 기억나는 몇 가지 에피소드가 있습니다. 코스워크 3학기 때였습니다. 어머니께서 지인들과 함께 등산을 가셨는데, 산에서 넘어지시면서 뇌출혈이 생긴 것이었습니다. 그 당시는 매 수업마다 논문 원서 발표가 있어서 무척이나 바쁘던 시기였습니다. 토론과 발표 준비를 해야 하는데 어머니께서는 입원을 하신 상태였고, 아내도 직장이 있는 상태라 제가 병간호를 해야 했습니다.

밤에는 병실의 불을 꺼야 하는데, 읽어야 하는 논문은 산더미처럼 쌓여갔습니다. 어쩔 수 없이 병실에서 휴대폰으로 조심스럽게 불을 켜 논문을 읽었던 기억이 납니다. 어머니 건강 걱정에 내일 발표할 논문 걱정, 회사 일은 회사 일대로 쌓여만 가고…. 정신적으로도 육체적으로도 너무나도 힘들었던 기억이 납니다. 그때 발표를 제대로 했는지 어땠는지도 사실 기억이 잘 나지 않습니다.

또 한번은 지방에 계신 아버지께서 집에 방문했는데, 마침 그다음 날 있는 발표 준비로 정신이 없었던 적이 있었습니다. 게다가 하필 그날 읽어야 하는 논문이 무척이나 어려워서 줄곧 들여다보고 있었습니다. 마침내 논문을 다 읽고 시간을 봤더니 새벽 2시였고, 아버지도 그때까지 주무시지 않으시고 깨어 계셨습니다. 아버지께서 웃으시면서 저에게 하시는 말씀이 "기동아. 네가 고등학교 때 이렇게 공부했으면 하버드대도 갔겠다."였습니다. 학생 때도 어지간히 공부를 안 했던 제가 어른이 되어 공부하는 모습이 신기하셨던 것 같습니다. (웃음)

Q 박사학위를 마치셨을 때 기분이 어떠셨나요?

A 박사학위를 마치고 '왜 내가 박사과정을 선택했지?'라고 되물어보았습니다. 박사과정을 선택한 것에 대해서 스스로 만족하는지, 제 생활에 도움이 되었는지에 대해서는 솔직히 아직 잘 모르겠습니다. 다만 박사학위라는 '결과'보다는 '과정'에 충실했고, 좋은 경험으로 남게 되었다는 것에는 만족합니다. 그냥 인생의 가는 길 중 하나이고, 열심히 임해서 그걸로 되었다는 생각을 했습니다. 한 박사 동기는 우스갯소리로 이런 말을 하더라고요. 죽고 나서 묘비에 '류기동 박사'라고 써놓을 수 있다고요.

참, 한 가지 에피소드가 생각납니다. 성묘를 드리러 선산에 갔을 때, 아버지께서 절을 하시며 갑자기 우시는 겁니다. 그러면서 "조상님, 기동이가 성균관대에서 박사과정을 마쳤습니다."라고 말씀하시더라고요. 사실 박사를 마쳤다고 해서 제가 좋은 직장으로 이직을 한 것도 아니고, 연봉이 많이 오르거나 혹은 뚜렷한 학문적 성과를 낸 것도 아닙니다. 하지만 부모님께 좀 더 당당한 아들로서의 역할을 하게 된 것이 가장 기뻤습니다. 배움에 대한 열정이 강하셨던 부모님께서 '나는 이루지 못했지만 내 자식만큼은 이랬으면 좋겠다'고 생각하셨던 부분을 아주 작게나마 이루게 된 것을 다행이라고 생각합니다. 또한 아빠로서 두 딸에게 열심히 공부하는 모습을 보여준 것만으로도 충분하다고 생각합니다.

Q 후배들에게 박사학위를 권하고 싶은 마음이 있으신가요?

A 저는 후배 여러분들에게 박사를 꼭 하시라고 권유할 마음은 딱히 없습니다. 다만 이왕 도전하실 분들은 빨리 도전하시고, 빨리 마쳐서 삶으로 다시 복귀하시길 바라는 마음입니다. 그래서 이왕이면 '석박사 통합 과정'을 밟아 몰입해서 빨리 끝내시는 것을 추천합니다. 그래야 사회에 다시 나와서 무언가를 이룰 수 있는 가능성이 더 커지니까요. 저는 40대 중반에 박사학위를 취득했는데, 좀 더 일찍 박사학위를 시작했으면 어땠을까 하는 마음입니다. 또한 대부분의 학술지가 영어 원서로 되어 있고, 의무적으로 박사학위 논문 전에 외국 저널에 논문을 실어야 하는 만큼 영어 공부도 열심히 하시면 좋겠습니다.

정민아

★ ★ ★ ★ ★

52세,
동국대학교 영화학 박사(2010년 취득),
現 성결대학교 교수

Q 현재 소속을 알려주세요.

A 현재 성결대학교에서 연극영화학부 교수로 일하고 있습니다. 영화평론가
입니다.

Q 현재 하시는 일을 간단하게 소개해주세요.

A 현재 대학에서 학생들 가르치는 일을 중심으로 하면서, 영화평론가로서 칼
럼과 책을 쓰고, 교육부 프로젝트에 지원해서 연구하고 논문 쓰는 일을 합
니다. 주로 한국영화사나 디지털 네트워크 시대의 영화산업, 그리고 다큐
멘터리영화가 중심 주제입니다. 그리고 영화제 자문위원과 심사위원으로
활동하기도 하고요. 영상 관련 공공기관 심사나 자문 활동 등을 하고 있습
니다.

Q 박사과정에 언제 입학하셨고, 언제 졸업하셨나요?

A 2004년에 동국대학교 영화학 전공으로 입학해 2010년에 졸업했습니다.

Q 어떤 계기로 박사과정을 시작하셨는지요?

A 저는 뉴욕대학교에서 영화학 석사과정을 마치고 2003년 초에 한국에 들어왔습니다. 들어오자마자 영화제와 방송국에 취업을 했습니다. 그러나 비정규직으로 일하면서 나이가 들면 장기적으로 이 일을 할 수 없을 것이라는 불안감이 있었습니다. 그래서 대학에서 시간강사를 병행하며 투잡을 하겠다는 계획을 세웠습니다. 그러다 보니 박사학위를 통해 전문가로서의 내실뿐만 아니라 외부에도 내세울 만한 스펙을 만들어야겠다는 생각을 하게 되었습니다.

Q 박사과정 외에 다른 대안을 생각해보신 적도 있나요?

A 네. 사실 갈등이 좀 있었습니다. 처음 박사과정에 들어가기로 마음먹었을 때, 은행 잔고를 헤아려보고, 만약 박사과정을 5년 안에 마친다면 총 얼마의 비용이 들어가는지를 꼼꼼하게 계산해보았습니다. 제가 좀 계산적이거든요. (웃음) 박사학위를 가지고 본격적으로 대학 강사를 하면서 파트타임으로 영화제와 평론 활동 등 쓰리잡을 할 때 들어올 수 있는 수입을 대략 계산해보니, 결과적으로는 풀타임 직장 생활을 하는 게 가장 합리적인 선택이었습니다.

돈과 비전을 놓고 따져보았을 때 솔직히 답이 나오질 않았습니다. 이때 마음의 목소리를 듣는 것을 선택했습니다. 안정적인 수입을 기대할 수 있지만 따분하고 큰 비전이 없는 직장 생활을 하며 안주할 것인지, 아니면 공부를 하면서 지적 즐거움에 대한 나의 열망을 채울 것인지 고민을 했습니다. 선택은 제가 해야 하는 것이니까요. 저 자신을 객관화하는 것이 중요했습니다. '그래 나는 지적 콤플렉스를 가지고 살아갈 수 없어. 내가 그동안 지향했던 것은 지적인 여성이 되는 것이야.' 하는 결심을 하게 되었습니다. 물론 박사학위가 있다고 지적인 여성이 되는 것은 아닙니다. 그러나 내가 전문인이 되어 이 영역에서 활동한다면 최소한 콤플렉스 없이 자긍심을 가지고 당당해질 수 있겠다는 생각이 들었고, 그 길로 바로 박사과정에 들어 갔습니다.

Q 박사과정 중 애로사항은 없으셨나요?

A 대학원과 직장 생활을 병행하다 보니 주 2일 시간을 빼 수업을 듣기가 어려웠습니다. 그래서 토요일 수업을 개설해주는 것이 얼마나 감사했는지 모릅니다. 토요일 수업이 개설되지 않은 학기에는 많은 학생들이 휴학을 할 수밖에 없었거든요. 박사과정은 페이퍼보다는 발표와 출석으로 학점이 결정되기 때문에 수업을 빠지지 않는 것이 매우 중요합니다. 지금 생각해보면 꼭 '올(All) A'를 고집할 필요는 없는 것 같습니다. 학점이야 다음 과정으로 넘어가기 위한 참고자료일 뿐이고, 박사는 최종학위이기 때문에 낙제만 아니면 되니까요.

가장 큰 문제점은 듣고 싶은 수업이 아니라 수업을 들을 수 있는 요일에 개설되는 수업을 따라가야 했다는 점입니다. 그러나 1년 정도 지나면서 논문 주제를 거의 결정해놓은 상태라, 수업에 상관없이 제가 관심 있는 주제를 개인적으로 쭉 연구하고 자료를 모았습니다. 다행히도 지도교수님이 제 연구 주제와 방향에 잘 맞는 분이라 큰 반대 없이 제가 연구해온 것을 잘 이해해주셨습니다.

한 가지 조언을 더한다면, 지도교수님에게 어필하기 위해서는 지도교수님의 수업에 들어가 적극적으로 참여하며 수업이 활발히 이루어지도록 솔선수범해야 합니다. 인간적인 신뢰가 있어야 마지막까지 든든한 우군이 되어 논문 디펜스(공개심사)를 도와주실 것이기 때문입니다. 거기에다 개인적인 사정을 전하고 논문이 얼마나 급한지를 수시로 어필해야 한다고 생각합니다. 저 또한 그랬습니다.

Q 논문을 쓰실 때 기억나는 에피소드가 있다면 알려주세요.

A 저의 경우에는 시작 자체가 늦은 나이였고, 미혼이라 더 이상 시기를 늦출 수는 없기에 최대한 빨리 논문을 끝내기 위해 최선을 다했습니다. 8월부터 12월까지는 직장 생활과 강사 활동도 그만두면서 트레이닝복을 입고 학교 연구실에서 하루 16시간 정도 책상에 앉아 있었습니다. 그때는 많은 것들을 포기했습니다. 지금 몇 달 고생하지 않으면 몇 년의 시간이 그냥 흘러갈 것 같다는 생각 때문이었고, 가까이서 실제로 그런 경우도 보았습니다. 한 학기를 미룬다는 것이 거의 5년을 미루게 되었으니까요. 사실 그 당시 몸도 마음도 매우 지쳤고, 생각대로 진도가 나가지 않아서 지도교수님과 트러블도 생겼습니다.

그때 얼어붙은 제 마음에 숨통을 틔워준 것은 바로 김연아 선수였습니다. 밴쿠버 올림픽 전 2년간 김연아 선수는 모든 대회에 나가서 금메달을 땄습니다. 초라하고 외로운 내가 환상 속에서 꿈꾸는 완벽한 캐릭터였습니다. 훨훨 나는 아름다운 나비 같은 김연아 선수 영상을 틈나는 대로 돌려보면서 마음의 위안을 얻었습니다. 책상에 앉아 컴퓨터와 책과 씨름하는 동굴 속 삶에 김연아 선수는 한 줄기 빛이었습니다. 저는 마음이 너무 지칠 때마다 김연아 선수에 대한 '덕질'로 힐링하곤 했습니다. 이런 시기에는 자신을 위안해줄 무언가가 꼭 필요하다고 말씀드리고 싶습니다. 다만 시간을 많이 빼앗기지 않는 것으로 말입니다.

Q 박사학위 취득이 박사님의 삶에 어떤 영향을 주었나요?

A 박사학위를 따자 한 단계 도약했다는 느낌이 듭니다. 박사학위를 취득하고 본격적으로 대학강사 생활을 하면서 대학 교수직에 지원하기 시작했고, 교육부 프로젝트도 적극적으로 지원했습니다. 평론가 활동도 더 활발하게 이어나갔습니다. 연구 분야에서도 전문가로 인정받기 시작했습니다. 지속적인 연구에 대한 욕심도 생기고, 그동안 꿈꾸었던 '지적인 여성 전문가'에 한걸음 다가서고 있는 것 같습니다. 대학 교수가 되면 또 다른 새로운 길이 열리는 것 같습니다. 저 같은 경우에는 강사, 겸임교수, 초빙교수, 연구교수, 전임교수의 길을 차근차근 걸었습니다. 강사와 교수는 연구나 교육의 질은 크게 차이가 없지만, 외부의 대우와 위치가 달라집니다. 교수가 되면 유관 기관에서 전문위원이나 자문위원 제의가 심심치 않게 들어오기도 하고요. 아마도 박사를 취득하신 분들은 직장에서도 승진에 유리하지 않을까 싶습니다. 박사학위가 커리어 점프를 위한 중요한 디딤돌이라고 생각합니다.

Q 일하면서 박사학위를 준비하는 후배들에게 해줄 조언이 있다면 어떤 것들이 있을까요?

A 한번 시작하면 놓지 않는다는 심정으로 악착같이 생활했으면 합니다. 느슨한 생활은 결국 실패로 돌아가기 마련입니다. 4~5년 바짝 바쁘게 살다 보면 학위와 함께 성취감이 생길 것입니다. 막연히 '논문을 쓸 테야.'라고 생각만 하면 절대로 못 씁니다. 학회 활동 등을 하면서 발표나 토론 기회가 생길 때, 잘 모르거나 자신이 없어도 덥석 맡아 도전해보길 바랍니다. 처음에는 막막하겠지만 그런 기회를 놓치지 말고 자신의 연구 역량 성장의 기회로 삼아야 합니다. 발표가 논문으로 이어지고, 소논문은 박사논문의 한 챕터가 됩니다. 박사과정 중 발표를 3번하면 이미 박사논문 3장이 완성된

다는 이야기입니다. 입학하고 1년 안에 논문 주제의 범위를 정하는 것이 좋습니다. 그리고 나머지 1~2년의 코스워크 기간 중에 자신의 주제를 심화하는 방향으로 수업을 듣고 발표를 하고 소논문을 완성해나가야 합니다.

또한 회사 동료에게 민폐를 끼치지 않기 위해서는 회사 생활을 무조건 잘해야 합니다. 돈이 나오는 곳이니까요. 회사에서 불성실하다고 찍히면 아무리 박사학위가 있더라도 나중에 평판 조회에서 다 드러나게 됩니다. 수업은 토요일이나, 저녁 시간으로 배치하는 것이 좋습니다. 직장인이 많은 수업이라면 교수에게 학생들이 의견을 모아 양해를 구해보는 것도 좋습니다. 개인적으로는 학교 생활보다는 직장 생활이 우선이라고 생각합니다. 학교는 내 돈을 내고 가는 곳이지만, 직장은 남의 돈을 받는 곳이기 때문이죠. 당연히 직장이 우선입니다. 직장에 지장이 가지 않는 범위 내에서 학교 생활을 해야 이후에도 좋습니다. 사람은 어디서나 다시 만나게 되어 있습니다. 동료에게 끼친 민폐는 나중에 다 다시 돌아옵니다.

입학의 모든 것

입학에도
전략이 필요하다

대학원 입학은 학부 입학과 다르다

매년 전국적으로 출근 시간을 1시간 지연하도록 권장하는 날이 있다. 언제인지 아는가. 바로 '대학수학능력' 시험이 있는 날이다. 물론 권고사항이지만 그날만큼은 대학 입시 시험을 치르는 학생들을 위해 온 국민이 배려하는 것이다. 이것은 우리나라가 교육에 대해서 어떻게 생각하고 있는지 단적으로 보여주는 사례다. 수험생들은 수능 몇 달 전부터 컨디션을 조절하고 수능 시간표에 생활리듬을 맞추기 위해 노력한다. 그도 그럴 것이 대부분의 학생들이 대학입시를 위해 10년 이상을 달려왔기 때문이다. 이렇게 온 가족과 국가가 모두 하나되어 수능이라는 전쟁을 치르다 보니 자연스럽게 대학입시와 교육에 대한 두려움을 가지게 된다.

국내에서 석사과정을 경험한 사람들이라면 아마도 공감할 것이다. 학부 입학을 위해 치렀던 대학입시와 대학원 입학은 그 결이 전혀 다르다는 것을. 대학원은 철저하게 지도교수와의 관계를 중심으로 돌아간다. 입학에서부터 코스워크 이수, 그리고 논문 작성과 졸업, 어쩌면 졸업 이후의 행보까지도 지도교수와의 관계에 의해서 좌지우지된다. 이러한 관계들을 이해하면 대학원에 진학하기 위한 첫 번째 관문인 '입학 전략'에 대해서도 자연스럽게 생각이 달라질 것이다. 대학원 입시는 학부 입시와 달리 각 과마다 입학 전략이 천차만별로 다르다. 지도교수가 어떤 학생을 뽑기로 마음먹으면, 대학원 입학은 그 어떤 절차보다 손쉽게 해결될 가능성이 크다.

대학원은 석사와 박사를 양산해 전문 분야의 학문 자체를 깊이 있게 탐구하는 '일반대학원', 특정 분야에 이미 정통하고 경험이 풍부한 전문가들이 같은 분야에서 커뮤니티를 만들고 이를 학문적인 방법으로 체계적으로 정리하는 것이 주 목적인 '특수대학원', 그리고 이미 어느 정도의 가능성을 지닌 학생들을 모집한 뒤 특정 분야의 전문인을 생산하는 '전문대학원' 등으로 나뉜다.

'일반대학원'은 그 범위가 넓으며 학문에 뜻이 있는 학생들에게 심도 깊은 교육의 장을 제공한다. 보통 석사와 박사과정이 마련되어 있다. '특수대학원'은 교육대학원이나 경영·경제 대학원이 대표적이며, 경험이 풍부한 인재들을 중심으로 좀 더 학문적으로 접근하도록 유도하고, 동시에 같은 전문 분야의 인재들이 모여서 새로운 시너지를 내도록 유도하는 역할을 한다. 특수대학원을 다니는 대부분의 이들이 직장과 대학원 생활을 병행한다. '전문대학원'의 경우 대표적으로 로스쿨과 의학전문대학원, 통역대학원들이 이에 속하며, 각각 변호사, 의사 그리고 전문통역사를 발굴한다. 필자가 졸업한 국제학대학원도 국제기구에서 일할 수 있는 글로벌 인재를 양산한다는 취지로 설립되어 전문대학원에 해당한다.

이런 전문대학원을 제외하고 일반대학원이나 특수대학원에 입학할 때는 지도교수와의 관계가 절대적으로 중요하다. 전문대학원은 일반적으로 대학 입시처럼 치열하다고 보면 된다. 학부를 졸업한 학생들이 공통된 목적을 가지고 지원하기에 경쟁률은 오히려 대학 입시보다 더 치열한 경우가 많다. 전문대학원에 입학하기 위해 대학입학 때부터 학점 관리에 특별히 신경을 쓰는 학생들도 많기 때문이다. 반면에 일반대학원이나 특수대학원은 입학보다는 상대적으로 졸업이 어려운 경우가 더 많다. 대학원에 입학하는 것도 중요하지만, 그것보다 100배 더 중요한 것은 졸업이라는 사실을 알아두어야 한다.

경력을 최대한 활용하라

현재 직장에 속해 있거나 관련 분야의 실무 경험이 풍부한 지원자는 이를 어필해 입학심사에서 좋은 평가를 받을 수 있다. 특히 DBA (Doctor of Business Administration, 경영대학원 박사)나 Ed.D.(Doctor of Education, 교육대학원 박사), DMA(Doctor of Musical Arts, 연주 등 실기에 집중하는 학위), DDS(Doctor of Dental Surgery, 치과의학 박사)와 같은 전문적인 분야는 해당 분야의 실무 경험을 중요하게 여겨 대부분의 경우 필수 입학 요건으로 실무 경력을 요구한다.

이런 전문대학원의 경우, 입학지원서에서 요구하는 규정을 따르는 것이 무엇보다 중요하다. 경력을 확인하기 위한 이력서를 제출할 수도 있고, 해당 경력의 사실 여부를 판단하기 위한 경력 확인서를 첨부해야 할 수도 있다. 때에 따라서는 추천서를 받기도 하고, 본인의 작업을 담은 포트폴리오를 제출할 수도 있다. 포트폴리오를 제출한다면 그 과정에서 그 작품이 자신이 직접 작업한 것임을 증명할 수 있는 장치들을 미리 준비해둬야 한다.

본인만 가지고 있는 강점을 최대한 부각시켜라. 당신의 인생에 있어 한 방이 무엇인지, 다시 말해 당신 인생의 전략이 무엇이고 그 것이 가지는 의미가 무엇인지를 이 기회를 통해 한번 생각해보자. 지금은 전문성이 부족하고 서툴지만, 박사과정에 들어가서 반드시 이 분야의 전문가가 되겠다는 '스토리'와 '전략'을 가지고 임하자. 이런 의미에서 박사과정 입학은 궁극적으로 내가 이루고자 하는 삶의 목표 중 이루어야 할 하나의 관문으로 바라보는 것이 좋을 것이다.

입학의 8할은
지도교수 미팅에 달렸다

면담 신청 이메일을 보내자

학부와 다른 학교나 전공을 선택하는 경우에는 가고 싶은 대학의 교수님을 미리 찾아가서 면담을 신청하는 것이 중요하다. 아직 어느 대학의 무슨 과를 가고 싶은지 정하지 않은 상태라면 되도록 빨리 정하는 것이 좋다. 학교는 두 번째 문제이고, 가장 중요한 것은 본인이 하고 싶은 전공을 정하는 일이다. 해당 전공을 다루는 웬만한 대학들을 모두 검색해보고, 그 학과에서 가장 두각을 나타내는 교수가 누구인지를 알아보자. 어렵지 않게 찾을 수 있을 것이다. 학과 사무실에 전화 한 통이면 그 과에 몇 명의 박사과정 학생이 있는지, 그리고 파트타임 박사과정도 있는지 금방 알 수 있다.

본인이 관심이 있는 과나 연구실의 대학원생과 이야기를 나눠보는 것도 좋다. 만약 직접 아는 사람이 없다면 다른 분을 통해 다리를 놓아달라고 할 수도 있고, 소개를 받기 어려운 상황이라면 직접 전화를 걸거나 이메일을 보내도 된다. 관심을 갖고 문을 두드리는 자를 문전박대하지는 않을 것이다. 연구실이나 학과 사무실 사람과 대화를 해보는 것은 전반적인 분위기 파악을 위해서도 진학 전에 꼭 거쳐야 할 관문이다. 학과나 연구실을 통해 얻은 정보를 정리한 뒤, 가족과 진지하게 상의도 해본다. 박사과정을 진행할 수 있는 여유가 있을지, 가족들이 감내해야 할 희생은 없는지 말이다.

그다음 과정은 본인이 원하는 교수님에게 이메일을 보내 면담을 신청하는 것이다. 이메일을 보내는 시기도 고려해야 하는데, 보통 학기 초나 학기 말은 피해서 보내는 것이 좋다. 학교 내의 행정적인 일들이 학기 초나 학기 말에 몰려 있기 때문에 학기 중이나 방학 때 면담을 신청하는 것이 좋다. 간혹 교수님께서 방학 때 해외에 체류하는 경우도 있으므로 가급적이면 중간고사 기간에 이메일을 보내는 것이 가장 좋다.

이메일을 통해 교수님과 처음으로 연락할 때는 최대한 정중하게 보낸다. 내가 박사과정에 관심이 있다는 것을 알리는 이메일이기 때문에 '기-승-전-박사과정 입학'이라는 이야기의 서막을 열어야 한다. 이메일에는 현재 본인의 신분에 관한 간단한 이력과 관심사를 밝히고, 파트타임이 가능한지 여부를 정중하게 물어보아야 한다. 이메일의 말미에는 교수님과 직접 면담을 하고 싶다는 이야기를 전달하라.

그렇게 해서 면담 일정과 장소가 정해지면, 시간에 맞게 찾아가면 된다. 방문 시 학교 동선과 교수님 연구실 등을 주의 깊게 살펴본다. 그리고 직장에서 가는 길이 어렵지는 않은지 확인하는 것도 중요하다. 첫 번째 미팅은 바로 첫인상과 연결되므로, 최대한 깔끔한 인상을 주도록 한다. 무엇을 사들고 갈 필요는 없다. 최대한 담백하게 미팅하는 것이 좋다. 교수님들도 제자들과 한번 인연을 맺으면 보통 5~6년 동안 길게 호흡을 맞춰야 해서 인간적으로 호감이 가는 사람을 선호할 수밖에 없다.

면담에도 전략이 필요하다

면담 중에는 본인이 현재 어떤 회사에서 어떤 일을 하고 있는지, 학부와 석사과정에서는 무엇을 전공했는지 박사과정을 왜 하려는지, 그리고 박사 취득 후에는 무엇을 할 것인지에 대해 이야기한다. 교수님과의 면담은 흔치 않은 기회이므로 본인이 지도교수님을 어떻게 알게 되었는지 이야기하거나, 특별히 박사논문으로 다뤄보고 싶은 주제에 대해서도 논의할 수 있으면 플러스 요인이 된다.

중요한 것은 만나는 교수님들마다 추구하는 학문적 방향이 다 다르고, 경우에 따라서는 파트타임 학생을 지도하지 않는 교수님들도 있다는 점이다. 그리고 이미 지도학생들이 많아서 더 이상 지도가 벅찬 경우도 있다. 이러한 경우에는 교수님이 보기에 아무리 훌륭한 학생의 자질을 갖추고 있어도, 그 교수님의 지도를 받기가 어려울 수 있다. 따라서 상황이 여의치 않아 불합격되거나 지도교수님이 완곡하게 지도를 거절하더라도 본인의 실력과는 무관한 일이니 주눅 들거나 의기소침할 필요는 없다.

지도교수와 학생이 어떤 프로젝트를 함께 진행하다가 인연을 맺는 경우도 있다. 인터뷰이 중 하영목 교수님이 그러한 사례다. 박사학위에 들어오기 전에 기업 컨설턴트로 오랫동안 근무하셨는데, 어느 회사를 컨설팅해주는 과정에서 훗날 지도교수님이 된 교수님과 만나게 되었고, 일을 하면서 자연스럽게 신뢰를 쌓았다고 한다. 하영목 교수님은 박사학위를 하고 싶다는 생각을 계속 품고 있었지만 여건이 여의치 않아 진행을 못하고 있다가, 공부를 할 수 있는 상황이 오자 바로 그 교수님을 떠올렸다. 서로의 성향과 배경, 그리고 학문에 대한 열정 등을 이미 알고 있어 큰 어려움 없이 입학하게 되셨다고 한다. 교수님들도 학생들이 중도에 포기하지 않고 졸업할 만한 인내와 끈기가 있는지 여부를 인터뷰로만 확인할 수 없다. 따라서 지도교수 입장에서도 이미 검증된 학생들을 받는 것이 더 유리할 수 있다.

입학에 있어서 아무래도 가장 유리한 케이스는 석사과정 지도교수님을 박사과정 지도교수로 모시는 경우가 아닐까 싶다. 석사과정에서 학업을 제대로 수행하지 않았거나 혹시 교수님과의 관계가 좋지 않은 경우에는 사전 면담이 더욱이 중요하다. 일단 지도교수님이 되었으면 하는 분께 이메일을 보내서 면담을 신청하고, 박사과정에서는 석사 때와는 다르게 열심히 공부할 것이라고 설득해보자.

지도교수님을 설득하는 일은 박사과정에서 가장 중요한 과정 중 하나다. 박사과정에서는 졸업 때까지 다양한 사람들을 만나서 설득해야 하는 일들이 많다. 그 첫 단계가 바로 자신의 지도교수님을 설득하는 일이라고 생각한다면 이 과정이 그렇게 어렵게 느껴지지 않을 것이다.

입학 시기를
현명하게 조정하라

전략적으로 입학하라

앞서 잠시 언급했듯이 지원자의 높은 지식 수준이 입학의 전부는 아니다. 학력이나 지식 수준은 다른 학생들에 비해서 그리 높지 않더라도 그해 입학하고자 하는 학생의 수, 학과 내에서 지도교수가 지도할 수 있는 여력이 있는 지의 여부, 그리고 그 전 학기 졸업생을 얼마나 많이 배출했는지 등의 변수들이 입학을 결정하는 요인들로 작용한다.

직장을 다니면서 학위를 진행하고자 마음먹은 이상 직장에서 학위 취득을 할 수 있도록 배려해주는지, 개인적으로 학업에 필요한 충분한 시간이 있는지, 그리고 경제적인 여건과 가족들의 배려 등을 충분히 고려해야 한다. 여기에 지도교수님을 어떤 분으로 선정할 것인지를 더해 다양한 문제들을 종합적으로 판단해야 한다.

당연한 말이지만, 본인이 수행할 수 있을 정도의 학교와 학과를 선택해야 한다. 좋은 학교, 소위 '네임밸류(Name value)'가 있는 학교에서 수학하고자 하는 것은 어찌 보면 '본능'에 가깝다. 그러나 특정 학교, 특정 학과에서 모든 학생들을 다 받아줄 수 없다. 본인이 간절히 원한다고만 해서 되는 것이 아니다. 본인이 부족한 점이 있으면 그것을 채우기 위해 어떠한 노력을 했는지, 그리고 앞으로 어떻게 연구할 것인지를 설득시켜야 한다. 더군다나 파트타임으로 박사를 수행하는 것은 학교 입장에서 달갑지만은 않은 조건이다. 최대한 자기 자신을 객관화하며 합격이 가능할지를 가늠해봐야 한다.

직장인으로서 박사를 취득하고자 한다면 현실적인 제약을 명확하게 인식해야 한다. 내가 공부에 전념할 수 있는 시간이 실제로 어느 정도인지를 명확하게 따져보고, 학위에 투자할 시간은 어느 정도인지 가늠해보자. 그저 막연하게 '내가 어느 대학을 나왔고 석사도 여기를 나왔는데, 이 학교 박사과정은 당연히 붙겠지?'라고 생각하면서, 자신의 여건은 고려하지 않은 채 그저 명성만 높은 학교의 학과를 정한다면 입학조차 힘들 수 있다.

당장 현실적인 조건들을 맞출 수 없다면 가능한 시간과 여건이 확보될 때까지 기다리는 것도 하나의 방법이다. 업무량을 조금 줄이거나, 출퇴근 시간을 조정하는 등의 방법을 모색하는 것이다. 덧붙여 그 학교, 학과에 합격한 사람들을 찾아보거나 인터넷 카페를 통해 미리 다양한 자료를 수집하는 것도 하나의 방법이다.

만약 현실적인 조건들 중에 한 가지라도 어긋나는 것이 있다면 입학 자체를 미루는 것도 고려해보자. 물론 직장에서 지원해주는 사내 프로그램이나, 외부 장학금을 받아 불가피하게 특정 학기에 진학해야만 하는 특수한 경우도 있다. 그런 경우를 제외하고는 전략적으로 입학 시기를 조정해보는 것도 좋은 방법이다.

그 이유는 박사과정 입학보다 입학 후에 고려해야 하는 것들이 훨씬 많기 때문이다. 입학을 해서 코스워크를 밟고, 학술지논문을 발표하고, 박사학위 논문을 쓰는 과정 어느 하나도 쉬운 일들이 없다. 새로운 일들을 진행할 때마다 매번 지도교수님의 의견을 묻고 확인받아야 하는 것은 물론이고, 혹시나 직장 생활에 변수라도 생기면 학업을 잠시 멈춰야 할 위기도 있기 때문이다. 따라서 급한 마음에 주변의 여러 변수들을 고려하지 않은 채 박사과정에 입학하는 것은 말리고 싶다. 입학이 한 학기 늦어지더라도 인생에 큰 변화는 없다. 혹시나 입학이 조금 늦어졌다고 해서 너무 낙담하지 말자. 길고 짧은 것은 대봐야 안다는 속담도 있지 않은가.

지도교수님과의 관계를 만들자

본인의 모교가 아닌 곳으로 지원하는 경우, 사전에 지도교수님과 면담할 기회가 없을 수도 있다. 그럴 때는 해당 학기에 입학할 예정이 아니더라도 일단 지원서를 내보는 것을 추천한다. 그 이유는 입학을 위한 공식 인터뷰 때 원하는 지도교수님과 대면할 기회가 주어지기 때문이다. 공식 인터뷰 때 본인의 관심사와 배경, 그리고 현재 어떤 직장을 다니는지에 대해서 허심탄회하게 이야기를 나눌 수도 있다. 일종의 다음 학기 입학을 위한 사전 면담을 진행하는 것이다. 이 경우에는 제한된 인터뷰 시간 동안 최대한 강렬한 인상을 남기는 것이 좋다. 뛰어난 언변을 보인다든가, 아니면 이 학과에 반드시 입학해야 하는 이유, 혹은 본인이 왜 박사학위를 취득해야만 하는지에 대해 잘 요약해 최대한 강한 인상을 남기는 것이 중요하다.

혹시나 운이 좋아서 바로 입학하게 된다면 더없이 좋을 것이다. 필자의 경우, 사전에 이메일을 보냈는데 박사과정을 뽑지 않는다는 답변을 받았다. 그럼에도 불구하고 한번 인사를 드린다는 차원에서 인터뷰를 보았는데 덜컥 합격한 케이스다. 하지만 합격하지 않더라도 인터뷰에서 강한 인상을 남기면 다음 학기에 다시 지원했을 때 아무래도 기억해줄 가능성이 크다. 다음 학기 인터뷰 전에는 반드시 교수님과 사전에 미팅을 잡아서 본인의 이야기를 들려줄 수 있는 기회를 잡아야 한다. 이렇게 관계를 만들어나간다면 교수님과 아무 연고가 없더라도 박사과정에 입학할 가능성은 커질 것이다.

노력도 전략적으로
해야 한다

오로지 직진!

직장에서 학위과정을 배려해줄 수 있고, 스스로 공부할 수 있을 여력이 있고, 경제적인 여건이 충분하고, 가족들의 배려가 고려된 상황이라면 이제 마지막으로 본인이 이루고자 하는 꿈에 가장 적합한 학교와 과의 지도교수를 선택하면 된다. 이후에는 오로지 직진이다. 이제부터는 그저 앞만 보고 달려야 한다. 본인이 선택한 대학원이 전문대학원이 아니라면, 미리 교수님을 찾아뵙고 진로에 대해서 의논을 드리는 것이 중요하다. 교수님 입장에서는 당신을 찾아온 학생이 처음에는 마음에 들지 않을 수 있다. 학위과정을 해낼 만한 능력이 없다고 판단할 수도 있고, 전공이 조금 다르거나 학교 내부적인 문제 등 여러 가지 변수들로 인해서 마음에 들지 않을 수도 있다. 하지만 그 학교의 해당 학과가 자신의 미래에 도움이 될 것이라 생각한다면, 조금 길게 내다보고 교수님과의 관계에 공을 들이는 것이 좋다.

기본적으로 직장과 박사학위를 병행하는 것은 대단한 의지가 뒷받침되지 않고서는 현실적으로 불가능하다. 직장을 다니다 보면 공부할 수 있는 시간이 절대적으로 부족하다. 사회 활동, 여가 생활을 모두 포기해야 한다. 그렇지 않고서는 학위를 위해 연구할 시간을 확보할 수 없다. 그렇다고 직장을 포기할 수도 없다. 그러므로 우선순위를 정해 상대적으로 중요도가 낮은 활동은 과감하게 포기하고 집중해서 해야 할 것만 해야 한다. 직장 내 경조사도 본인의 직장 생활에 지장이 없을 정도라면 과감히 포기해야 한다. 한마디로 좋은 직장인이 되려 하지 말고, 최소한으로 할 도리만 하는 직장인의 길을 선택해야 한다. 이렇게 우선순위를 정해두지 않고 이것저것 다 해내려고 하다가는 직장도 학위도 놓치게 되는 경우가 있다. 그러므로 일단 목표가 정해지면 '독한 마음'을 먹고 '오로지 직진'할 생각을 해야 한다.

불합격 통보를 받게 되면

혹시나 불합격 통보를 받게 되면 교수님께 정중한 이메일을 보내고 다시 미팅을 청하라. 그리고 본인이 낙방한 이유에 대해서 물어보

라. 교수님도 인간인지라 학생의 부족한 점들을 설명해주는 것이 쉽지는 않을 것이다. 그래도 교수라는 직업을 가지고 있는 분들은 늘 학생을 상대로 소통하기 때문에 학생이 원한다면 대부분 미팅에 응해주실 것이다. 본인의 불합격 이유에 대해 최대한 예의를 갖추어 경청하고, 앞으로 그 부분을 어떻게 고쳐나가는지가 중요하다. 학부와 석사학위 성적은 바꿀 수 없는 부분이므로 그 이외의 이유로 불합격했다면 이를 극복하려는 노력을 보이는 것이 좋다. 예를 들면 공인 영어 점수가 너무 낮다거나, 학업계획서가 불분명하다는 등의 이유가 될 수 있다. 영어 성적이 낮으면 최대한 빨리 재시험을 치러서 일정 수준 이상의 점수를 획득하면 되고, 학업계획서상의 문제라면 지도교수님의 최근 논문 경향을 파악해서 다시 작성한 후 많은 사람들의 의견을 수렴하는 등의 자체적인 노력을 지속적으로 해야 한다.

혹시나 석사과정과 다른 분야에서 박사과정을 진행하는 경우라면, 자신이 전에 공부했던 분야가 지금 가고자 하는 분야에 어떻게 도움이 되며, 다른 전공으로 진학하고자 본인이 어떠한 노력을 했으며, 앞으로 박사과정에서 어떠한 노력을 할 것인지 등을 설득력 있게 이야기해야 한다. 혹시나 한 번 더 낙방하게 되더라도 너무 낙심하지 말자. 이러한 과정은 분명히 본인에게 어떠한 방식으로든 도움이 될 것이며, 후에 중요한 자산이 될 것이라고 자신에게 끝없이 외치자. 한번 학업에 뜻을 두었으면 '입학'이라는 목표에서 눈을 떼지 말자. 재수, 삼수를 하더라도 직진하다 보면 결국에는 이루게 된다. 첫 번째로 안 되면 두 번째, 두 번째도 안 되면 세 번째, 계속해서 다시 지원하자. 언젠가 지도교수님도 지쳐서 결국 당신을 받게 될 것이다.

때론 우발적 전략도 필요하다

"완벽(Perfect)한 것보다 완수(Done)하는 것이 더 낫다. 그리고 상황에 따라서 재치 있는 융통성을 발휘하라."라고 경영 사상가 헨리 민츠버그는 말했다. 이 세상의 모든 것을 미리 계획할 수는 없다. 그렇기에 당면한 상황에 맞는 유연한 실행이 더욱 중요하다. 그러나 우리는 박사학위를 받는 것을 우리 삶의 지상 목표로 삼고, 늘 그렇듯이 치밀하게 계획을 세운다. 그리고 만약 계획대로 이뤄지지 않은 경우에는 그것이 외부 상황에 의한 것임에도 불구하고, 마치 본인의 노력이 부족해서 혹은 본인의 의지가 부족해서 나쁜 결과를 얻게 되었다며 자책하곤 한다.

하지만 우리는 '불확실한 것이 확실한 시대'에 살아가고 있다. 따라서 변화하는 상황에 대처해 우발적으로 계획하고 실천하는 '우발적 전략(Emergent strategy)'이 필요하다. 우리는 이미 경험하고 있다. 치밀하게 계획한 전략이 항상 현실에 딱 맞아떨어지지는 않는다는 것을. 때로는 예기치 못한 상황에 따른 수정으로 수립된 '우발적 전략'이 더욱 빛을 발한다는 것을 말이다.

박사과정 합격증을 받기 위해서는 무조건 직진해야 하는 것은 맞다. 다만 시간이 지나면서 나를 포함한 주변의 상황은 변하기 마련이다. 주어진 상황에 따라 공부해야 할 필요성 역시 변할 수 있다. 회사의 승진이나 비전을 위해서 박사과정을 준비했는데, 그 비전이 더 이상 보이지 않거나 다니던 회사가 부도가 나서 경제적인 활동이 어려워질 수도 있고, 최악의 경우에는 더 이상 학업을 병행할 수 없는 상황에 놓일 수도 있다. 이럴 때는 다시 원점으로 돌아가 새로운 계획이나 전략을 검토해봐야 한다.

당장 나에게 주어진 일들이 많거나 학업 외의 일들에 가중치를 두어야 할 때는 자신과 박사학위를 가로지르는 직선거리를 조금 조정할 필요가 있다. 내가 이루고자 하는 목표 또한 재점검하고 수정해야 한다. 삶에는 학위보다 더 중요한 것들이 많기 때문이다. 학업이 하나의 짐처럼 여겨지고 스트레스가 되는 순간, 박사학위는 영광으로 가는 지름길이 아닌 절반의 실패가 된다.

자기소개서와 학업계획서
작성 노하우

내 삶이 스펙이다

교수님과의 미팅을 성공적으로 끝마치면, 이제 본격적으로 학업계획서나 자기소개서를 쓰게 된다. 입시를 코앞에 두고 있는 상태에서 자기소개서 문항들을 정하면 도무지 무엇을 어떻게 써야 할지 막막하다. 하지만 막막하더라도 어떻게든 스토리의 맥을 잡고 스스로 쓰려고 하는 노력을 기울인다면 훌륭한 자기소개서가 탄생할 수 있다. 자기소개서를 쓰는 사람들에게 이렇게 이야기하고 싶다.

내 삶이 스펙이다.

이 문구는 한 인재 컨퍼런스에서 본 카피였다. 이 말의 뜻은 획일화된 스펙보다는, 나만의 삶의 궤적과 스토리가 더 강력한 스펙이 될 수 있다는 이야기다. 가끔씩 학업계획서나 자기소개서를 읽어보고 의견을 달라는 부탁을 받을 때가 있다. 그때마다 많은 학생들이 획일화된 커리큘럼 안에서 각자의 개성을 상실하고 군대에서 유격 훈련을 받듯이 오직 점수를 위한 시험을 준비하는 안타까운 모습을 보게 된다. 비록 학부와 석사과정의 성적이 좋지 않거나, 석사논문이 완성도가 떨어지거나, 박사과정에서 하고 싶어 하는 주제와 완전히 다르다 하더라도, 자신만의 개성과 특성을 살린 커리어 활동을 잘 기술하고 장점을 부각하면 충분히 훌륭한 학업계획서와 자기소개서를 작성할 수 있다.

교수님과의 사전 미팅이 순조롭게 이뤄지면 자기소개서와 학업계획서는 별 무리 없이 따라가게 되어 있다. 이 말은 학업계획서와 자기소개서가 중요하지 않다는 말이 아니다. 오히려 교수님과의 미팅 이전 단계에서 박사과정을 하려는 이유들을 충분히 고민해보라는 것이다. 그러나 박사학위를 그저 하나의 액세서리로 생각하고 가볍게 지원하는 사람들은 이러한 부분들을 진중하게 고민하지 않는다. 그래서 학업계획서나 자기소개서를 작성할 때도 스스로 고민하지 않고 컨설팅을 찾아다니며 대필을 부탁하는 경우도 있다.

자기소개서를 작성하기 전에 가장 중요하게 염두에 둘 것은 우선 진로를 명확하게 하는 것이다. 내가 무엇을 잘하고 무엇을 하고 싶어 하는지를 고민하고, 이를 바탕으로 왜 공부를 계속하고 싶은지 그 방향을 설계하는 것이 자기소개서 칸을 채우는 것보다 선행되어야 한다. 그리고 그동안 목표와 관련해서 해왔던 활동을 진로에 맞게 일목요연하게 정리하고 앞으로의 학습 및 진로 계획도 수립해야 한다. 본인이 직장과 학교 사이에서 겪었던 갈등이나 고민, 노력들에 대해서도 차근히 정리해보자.

합격하는 자기소개서를 쓰기 위해서는 우선 자신의 강점과 약점을 이해하고 진로를 설계하며, 이에 맞게 걸어온 과정을 정리하고, 앞으로 어떻게 나아갈지를 계획한 후 이러한 내용을 글로 풀어내야 한다. 자기소개서는 수려한 글쓰기 능력을 드러내기 위한 것이 아니라, 자기 자신을 효율적으로 드러내기 위한 글임을 잊지 말자.

작은 스토리를 풀어보자

자기소개서는 하나의 '작은 스토리'라고 생각하면 된다. 그 스토리 안에는 주인공이 등장하고, 그 주인공의 장점과 문제 해결 과정, 그리고 다른 스토리들과 차별화된 독특한 구조가 존재해야 한다. 즉 본인이 꿈에 한 발짝 다가가기 위해 이곳의 박사과정에 지원했고, 이를 위해 어떠한 연구를 했으며, 꾸준히 노력하고 있다는 점을 드러내야 한다.

자기소개서는 최대한 성심성의껏 자기만의 스토리를 담아 써야 하고, 학업계획서는 최대한 자세하게 쓰는 것이 좋다. 직장을 병행하지만 공부를 하기에 어려움이 없고, 필요한 여건은 다 마련되었다는 것을 전제로 쓰는 것이 좋다. 그리고 그런 환경을 만들기 위해서 어떠한 노력들을 했는지 구체적으로 드러내주는 것이 좋다.

자기소개서와 학업계획서에서는 일반적으로 세 가지 질문에 대한 답을 해야 한다. 차례대로 대학원 지원 이유, 구체적인 연구 계획, 그리고 대학원 졸업 이후의 계획이다.

첫째, 박사 진학 이유에 대해서는 가장 구체적으로 쓰는 것이 좋다. 석사과정의 전공을 이어가는 경우에는 기존에 연구했던 것을 연속선상에 두고 이어나가고 싶다는 스토리가 가장 무난하다. 석사과정에서 느낀 점들을 적어도 좋다. 그러나 전공이 다른 경우에는 전공을 바꾸게 된 계기나 구체적인 사건 등을 언급하는 것이 좋다. 이 부분을 적으면서 정말로 왜 내가 박사과정에 진학해야 하는지 자기 자신에게 물어보는 것이 중요하다.

흰 종이에 본인의 진학 이유들을 쭉 나열해보고 이 중에 몇 개를 골라서 나름대로 뼈대를 채우는 것이 좋다. 다른 사람이 작성한 것을 참고하는 경우에도 형식 정도만 참고로 하고 내용 자체는 본인의 것으로 새롭게 만들어야 한다. 박사 입학을 심사하는 교수님들은 입시철이면 수백 장 이상의 학업 동기를 살펴보게 된다. 그러니 가장 중요한 것은 본인을 가장 잘 드러낼 수 있는 본인만의 스토리를 적는 것이다.

둘째, 대학원에서 하고 싶은 연구에 대해서 언급하는 부분이다. 앞으로 어떤 내용으로 논문을 쓰고 싶은지 진중하게 고민해야 한다. 입학 당시에 고민을 해야 나중에 논문학기가 되었을 때도 흔들리지 않을 수 있다. 이 고민은 코스워크를 하는 내내 따라다닌다. 어차피 해야 할 고민이기 때문에 박사과정에 들어오기 전부터 진지하게 고민해두기를 권한다.

연구 주제는 앞부분의 지원동기나 관심 분야와 반드시 연관성이 있어야 한다. 이 부분을 작성하면서 정말로 본인이 원하는 주제가 무엇인지 찾아보는 것도 중요하다. 이 부분은 어느 누가 대신 찾아줄 수 있는 것이 아니다. 아무리 유명한 분야라 하더라도 본인이 가슴 뛰지 않는 분야라면 헛수고다. 이 기회를 통해 자기 자신이 무엇을 연구하고 싶은지에 대해서 한번 써보라. 무엇을 공부해야 할지 도저히 모르겠다면 방법이 하나 있다. 바로 마음에 두고 있는 지도교수의 연구를 한번 훑어보는 것이다. 그리고 그 분야가 본인이 생각하던 방향과 크게 다르지 않으면 교수님의 연구를 자신의 처지에 맞게 적용해보는 것도 하나의 방법이 될 수 있다.

셋째, 박사 졸업 이후의 행보다. 말 그대로 박사과정을 마친 후에 어떤 사람이 되어 있을지 생각해보는 부분이다. 한때 학교에서는 오로지 학문적인 목적으로 박사과정에 진학하고자 하는 지원자를 선호했던 적이 있다. 그러나 최근에는 지원자 자체가 많이 줄어들고 있고, 입학을 했으나 졸업을 하지 못하면 고스란히 지도교수의 부채로 남기 때문에 현실적으로 졸업이 가능한지를 알아보는 경우가 더 많다. 한마디로 '졸업 가능한 지원자'인지를 검증하는 것이다. 그렇기에 가급적 솔직한 이야기를 쓰기를 권한다. '박사 졸업 이후에 학계에 몸담는 것이 아니라, 현업으로 돌아가 현장에서 연구한 부분을 적용하며 전문성을 갖춘 인재로 성장하고 싶다.' 등의 이유를 언급하는 것이 좋다.

학업계획서가 미리 준비된 사람은 아무도 없다. 모든 지원자가 눈앞에 닥치고서야 준비하는 것이 이 학업계획서다. 그러므로 학업 계획서를 쓰는 시간을 소중하게 생각하고 이 기회를 잘 활용하면 좋다. 박사과정에서 어떤 공부를 할지 치열하게 고민해보면서 대학 원에 지원하는 것이 맞을지, 아니면 필드에서 커리어를 쌓는 것이 맞을지, 아니면 자격증 취득과 같이 실용적인 길을 가는 것이 맞을 지 스스로 답을 내릴 수 있다. 후에 박사과정을 겪으면 알게 되겠지 만 이 학업계획서는 앞으로 수십 번 쓰게 될 연구계획서의 일부다. 장학금이나 국가과제, 연구재단의 연구자금을 위한 계획서들을 박 사과정 동안 수도 없이 쓰게 될 것이다. 학업계획서는 이에 대한 사 전 준비과정이라고 봐도 무방하다. 만약 이 부분을 넘지 못하면 앞 으로 닥치게 될 연구계획서를 잘 쓸 수 있을지도 진지하게 고민해 봐야 한다.

인터뷰는
철저하게 준비하라

인터뷰를 꼼꼼하게 준비하자

박사과정 진학에 있어서 인터뷰의 중요성은 아무리 강조해도 지나침이 없다. 우선 내가 지원하고자 하는 학교와 과에 대해서 알아보자. 이미 많은 것을 알고 있다고 해도 자만하지 말고 차근차근 더 알아봐야 한다. 가능한 한 많이 조사해보는 것이다. 그 학교가 가지고 있는 장점과 우선시하는 것들은 무엇인지 살펴보자. 특히 석사과정과 다른 학교, 다른 전공을 공부한 사람이라면 인터뷰를 준비할 때이 과정은 필수적이다. 예를 들면 지원하고자 하는 학교가 국립인지사립인지, 만약 특정한 종교에 기반한 학교라면 주의해야 할 사항들은 어떤 것들이 있는지 등을 정리하는 단계다. 그리고 그 학교나 전 공의 대략적인 장단기 목표가 무엇인지, 현재 그 학교에서 관심 있어 하는 주제들이 있는지, 그 학과의 조직 문화는 어떤지 등을 인터넷 카페를 방문해서 알아보자.

학과 홈페이지에 들어가서 그 학과가 어떤 분야에 대해서 연구해 왔는지, 어떠한 교과목이 개설되어 있는지 등을 확인할 수 있다. 국가과제 등으로 연구비 조달이 가능한지, 그리고 현재 시점에서 본인이 지원 자격을 갖추고 있는지에 대해서도 검토해야 한다. 이러한 내용을 조사하다 보면 인터뷰에서 어떤 질문을 받게 될지 예측할 수 있다. 이렇게 꼼꼼하게 준비하면, 면접관에게 지원자가 이 학과에 관심이 있고 이 과정에 들어오기 위해 노력했다는 인상을 심어줄 수 있을 것이다.

그다음으로 해야 할 것은 면접관이 누구일까 가정해보고, 예상 면접관에 대해 알아보는 단계다. 몇몇 대학들은 면접 통지서에 면접에 참여하는 면접관들의 이름을 공개하기도 한다. 그렇지 않다면 선배들을 수배하는 등 모든 인맥을 동원해서 인터뷰 면접관으로 누가 들어오는지 알아보는 것이 좋다. 면접관에 대한 정보를 얻게 되면 홈페이지 등을 통해 면접관들의 프로필을 살펴보고 그들의 관심 분야를 찾아보자. 면접관들의 논문을 몇 편 읽어보는 것은 기본이다. 논문을 통독함으로써 면접관들이 어떠한 주제에 대해 질문할 것인가를 가늠해볼 수 있다. 면접관이 누구인지 알고 있으면 심리적 불안감이 낮아지므로 인터뷰를 더 쉽게 시작할 수 있다. 만일 면접관의 이름이 공개되어 있지 않다면 교학팀에 한번 문의해보자. 대부분 알려주진 않겠지만 혹시 아는가, 어떤 일이 벌어질지. 운이 좋아 지나가는 말로 작은 정보라도 얻어낼 수 있지 않을까.

하지만 무엇보다 가장 중요한 것은 내가 제출했던 학업계획서와 자기소개서, 그리고 이력서를 숙지하는 것이다. 지원 당시 본인의 이력서를 천천히 살펴보고 내가 과거에 어떤 활동을 했는지, 왜 이런 일을 했는지, 기억을 되살려보는 과정이 꼭 필요하다. 면접관이 나의 과거 활동과 관련해 상세한 질문을 했을 때 즉각적으로 답변할 준비가 되어 있어야 한다. 혹시나 머뭇거리게 되면 꾸며낸 것이라 판단할 수도 있다.

인터뷰 질문에 답하는 과정에서도 전반적인 흐름을 본인이 주도하는 것이 중요하다. 여러 질문에 답변하는 과정에서 지속적으로 지원자 본인이 수행한 연구에 관해 이야기하는 것이다. 특히 첫 질문은 "본인의 연구한 분야에 대해서 이야기해보세요."라고 가정하고, 약 2~3분 이내로 답하고 여기에 좀 더 살을 붙여 5분 정도 이야기할 수 있는 버전을 준비해놓자. 어떠한 상황이 오더라도 유연성 있게 대응할 수 있도록 준비해두는 것이 좋다.

인터뷰 준비 노하우

정보를 어느 정도 알아냈다면 예상 질문을 미리 뽑아보자. 사실 어떤 질문이 나올 것인가는 상당 부분 예측 가능하다. 지금껏 진행해왔던 연구 실적은 어떠한지, 혹시나 공공과제 연구비 지원을 얻을 수 있는 능력이 있는지, 성실한 학생이었음을 증명할 수 있는 커리어가 있는지, 다른 연구자들과 협력해 공동 작업을 한 경험이 있는지, 과거에 어떤 일을 했고 현재 어떤 직장에 있으며 이 과정을 통해서 미래에 어떤 계획이 있는지, 이 학교나 학과가 본인과 잘 맞다고 생각하는 이유는 무엇인지 등의 질문은 기본적으로 예측할 수 있다. 이에 덧붙여 친구나 가족에게 부탁해서 모의 인터뷰를 진행해보는 것도 많은 도움이 될 것이다.

인터뷰를 준비하는 과정에서는 인터뷰가 합격을 결정짓는 가장 중요한 관문이라 생각하고 치열하게 준비해야겠지만, 인터뷰 당일에는 마음가짐을 조금 달리하는 것이 좋다. 인터뷰는 입학을 결정짓는 요인이 아닌, 그저 확인 절차라고 생각하면 마음이 편해진다. '나는 이미 선택되었고, 단지 한번 확인하기 위해서 이 과정을 거치는 것일 뿐이다.'라고 생각하면 긴장감이 덜할 것이다. 인터뷰 도중에 사회성이 좋다는 것을 드러내는 것도 좋다. 박사과정 인터뷰는 취업 인터뷰와 성격이 다르다. 면접관들은 지원자의 능력도 보겠지만, 이와 동시에 졸업할 때까지 길게는 향후 5년 이상 함께할 동료로 평가할 수도 있다. 인터뷰 동안의 모든 행동과 말도 평가의 대상이 될 수 있다는 사실을 기억하자. 밝고 쾌활한 모습을 유지하되 지나치게 수다스럽거나 격의 없는 모습을 보여서는 안 된다. 무엇보다도 중요한 것은 모든 계획과 준비를 사전에 완료해 인터뷰 전날 밤에는 편안한 마음으로 휴식을 취하고, 당일에는 상쾌하고 활기찬 기분으로 인터뷰에 참석하는 것이다.

질문은 반드시 하자. 질문에 대답만 하는 것이 인터뷰의 전부는 아니다. 자유롭게 질문해도 좋다. 학과에 관한 일반적인 사항은 물론, 현재 박사과정으로 몇 명이 있는지, 올해 졸업자는 몇 명이고 평균 졸업 기간은 얼마나 되는지, 그중에 직장을 병행한 사람은 얼마나 되는지 등에 대해서 구체적으로 물어보는 것도 적극적인 태도를 드러내는 방법이 된다. 직장을 다니면서 박사과정을 하는 사람들의 최근 연구 주제는 무엇인지 등에 대해서도 질문할 수 있다.

간혹 심사자들의 태도가 처음부터 성의 없게 느껴지는 경우도 있다. 이미 사전 면담에서 합격의 가능성이 없다고 판단되었기 때문일 수도 있다. 그러나 이런 경우에도 인터뷰를 마칠 때까지 유쾌하고 당당한 모습을 잃어서는 안 된다. 혹시나 본인이 떨어질 것 같은 느낌을 받으면, 재수를 각오하고 강렬한 인상이라도 남겨야 한다. 앞서 언급했듯이 교수님들은 다양한 외적인 변수들로 인해서 해당 학기에 학생 숫자를 더 늘리지 못하는 경우도 있다. 인터뷰를 진행하다 이런 상황이라는 판단이 들면 가차 없이 다음 기회를 노리자. 그리고 강렬한 인상을 남기고 퇴장하는 것이다.

"교수님, 이번 학기에 혹시나 제가 제외되더라도 다음 학기에 꼭 다시 지원하겠습니다. 다음 학기까지 저에게 어떤 숙제라도 주시면 제가 그동안 더 열심히 준비해서 꼭 이 과에 걸맞는 학생이 되겠습니다."라고.

입학과 동시에
자신을 브랜드화하라

박사과정 입학만으로도 브랜드 가치 상승

우여곡절 끝에 박사과정 입학에 성공하게 되면, 일단 그것만으로도
자신의 브랜드 가치는 상승한다. 직장에서 거래처 사람을 만날 때
나 다른 부서 사람들과 이야기를 나눌 때, 박사과정을 병행한다는
이야기를 하는 것도 도움이 된다. 누군가 "박사학위를 병행하는 것
을 광고하고 다닐 수는 없잖아요?"라고 한다면, 필자는 이렇게 조언
하겠다. "당연히 광고해야죠!" 필자는 직장과 대학원을 병행하는 사
람들이 자기 자신을 광고하고 다녀서, 사내 모든 사람들이 입학 사
실을 알게 만들어야 한다고 생각한다. 예를 들면 이런 식이다.

"이번 학기에 내가 고급 통계과정 수업을 듣는데, 그 교수님이 아주 기가 막혀요. 나는 통계 과목이 그렇게 재미있는 건지 지금 알았다니까요." (박사과정에서 고급 통계과정 같은 것을 수강하는 정도의 레벨이에요.)

"대학원에서 같이 수업 듣는 사람이 10명인데, 그중 내가 제일 따라가기 힘들어하는 것 같아요." (나 대학원 다니니까 야근은 못 해요)

"아 그러고 보니 중간고사가 벌써 2주 앞으로 다가왔네." (앞으로 회식 같은 데 참석 못 할 테니 알아두세요!)

즉 내가 노력하고 있다는 사실, 어려움을 감수하고 열심히 공부하고 있다는 사실을 주위 동료나 상사나 거래처 사람들에게 알리는 것이다. 조직이라는 것이 언제, 어디에서 기회를 얻게 될지 모르기 때문이다. 회사의 프로젝트에 박사 이상의 학력을 지닌 사람을 파견하기로 했는데, 인원이 부족하다면 누구를 선택하겠는가? 박사가 없다면 박사에 준하는 박사과정의 사람을 파견할 수도 있을 것이다. 그리고 거래처 사람들에게도 늘 열심히 일하면서 자기계발에도 물샐 틈 없이 노력하고 있다는 모습을 보이면, 누가 아는가? 어떤 기회를 어떤 방향으로 움켜쥐게 될지는 모르는 일이다.

또한 상사를 안줏거리로 씹어대는 쓸데없는 회식이나, 불필요한 미팅 등을 사전에 차단하는 효과도 있다. 상사나 동료가 "오늘 끝나고 한잔 어때?"라고 할 때, "아, 어쩌죠? 제가 내일까지 제출해야 하는 중간고사 리포트가 있는데요. 다음 주에 리포트 제출하면 꼭 한 잔해요."라고 말하면 불필요한 약속을 자연스럽게 거절하면서도 은 근한 자랑의 효과가 있다. 자신이 잘하는 것을 적극적으로 알리는 것은 낯뜨거운 일이 아니라 좋은 정보를 알리는 일이다.

다만 자신을 너무 과하게 드러내면 동시에 견제의 대상이 될 수 도 있음을 알아두자. 자신을 포장할 때 너무 과하거나 밉상으로 보 이지 않도록 적절하게 조절하는 지혜도 필요하다.

이처럼 자신을 브랜드화하면, 조직이나 외부에서 파격적인 승진 이나 좋은 부서 이동, 혹은 이직의 기회가 왔을 때 자신을 드러낼 수 있는 객관적인 근거가 될 수 있다. 한마디로 행운은 그냥 주어지는 것이 아니라 준비된 자의 것이다. '나는 줄곧 이 분야에 대해서 공부 하고 있고, 박사과정을 통해 좀 더 전문성을 키우고자 노력하고 있 으며, 일주일에 한두 번씩 수업을 들으러 가고 있다'는 식으로 항상 준비하고 있다는 사실을 주위에 알려보자. 내가 지니게 될 행운도 일종의 실력과 노력이라는 것을 다른 이들에게 자연스럽게 납득시 키는 것이다.

김지혜

★ ★ ★ ★ ★

54세,
이화여자대학교 예술학 박사(2008년 취득),
現 이화여자대학교 조형예술대학 도자예술전공 교수

Q 간단한 본인 소개를 부탁드립니다.

A 안녕하세요. 저는 이화여자대학교 조형예술대학 조형예술학부 도자예술전
공 부교수로 재직 중인 김지혜입니다.

Q 입학하신 학교와 전공을 알려주세요.

A 이화여자대학교 조형예술학부 예술학과에 2003년에 입학해 2008년에 박
사학위를 취득했습니다.

Q 박사과정을 시작하시게 된 동기가 무엇인가요?

A 저는 이화여대 도예과에서 도자예술을 전공했습니다. 흙에서부터 시작해
도자의 모습으로 변모되는 과정 하나하나를 직접 손으로 빚어내는 과정이

너무 좋았습니다. 그런데 한편으로는 단순히 예술적 표현만이 아닌 작품의 콘셉트와 이를 뒷받침해줄 수 있는 이론에 대한 목마름이 항상 있었습니다. 그리고 막연하게나마 박사학위를 갖고 싶다는 생각도 있었습니다. 그런 오랜 꿈과 제 자신의 미래를 위해 투자해야겠다는 생각이 박사를 시작하게 된 가장 큰 이유인 것 같습니다.

학부 졸업 이후, 같은 과 대학원에 석사과정으로 진학을 했습니다. 그리고 미국 켄트주립대학교에서 도예전공으로 두 번째 석사학위를 취득하고, 시카고예술대학에서 미술이론 석사과정을 수료했습니다. 짧지 않은 유학 기간 중에도 박사학위에 대한 열망이 있었고, 당시는 미술 분야에 박사가 많지 않았던 시기여서 박사학위가 있으면 향후 진로에 도움이 될 것이라고 생각했습니다. 그래서 귀국 후 얼마 지나지 않아 박사과정에 진학하게 되었습니다.

그리고 조금 우습지만 박사과정에 진학하게 된 직접적인 계기는 제 남편이었습니다. 미국 유학 도중 지금의 남편을 만나 결혼하고 2000년에 귀국했는데, 그때 마침 이화여자대학교 예술학과 박사과정이 개설되었습니다. 진학하고 싶은 마음은 있었지만 오랜 기간 유학 생활을 마친 직후이고, 아이도 갓 돌을 지나 너무 어렸고, 또 경제적 문제에 대한 고민으로 망설이고 있었습니다.

그런데 어느 날 저희 남편이 자신의 모교 박사과정에 진학 원서를 냈다고 통보 아닌 통보를 해왔습니다. 그때 왠지 모를 배신감과 질투심 같은 것을 느꼈습니다. 지금 생각하면 아주 긍정적인 경쟁심이었지요. '나는 공부하고 싶은 마음을 억누르고 있었는데, 저 사람은 상의도 없이 진학을 결정했구나.' 하고 생각하니 너무 화가 나서 "그래? 그럼 나도 할 거야."라고 말하고 바로 그다음 날 학교에 지원 원서를 냈습니다. (웃음)

Q   박사과정를 하면서 기억나는 에피소드가 있다면 소개해주세요.

A   저는 박사과정 동안 이화여자대학교, 건국대학교 그리고 국민대학교에서 강사 생활을 병행했고, 동시에 예술가로서 활발하게 작품 활동을 하고 있었습니다. 그런데 오랫동안 박사과정에 대한 동경이 있었음에도 막상 박사 과정을 시작해보니 생각했던 것과 괴리가 있었습니다. 고백하자면, 중간에 박사과정을 그만두려고 생각했던 적이 수없이 많았습니다. 공부 자체는 너무 재미있었지만 작가로서 작품 활동을 하고 싶다는 생각이 늘 저를 지배했기 때문입니다. '나는 작품 활동을 하고 싶은데, 이렇게 책상 앞에만 앉아 있어야 하나.'라는 생각이 들면서 제 정체성에 대해 심각하게 고민하곤 했습니다.

실기와 이론 사이의 간극은 예상 외로 컸습니다. 그런 과정 속에서 잠깐 제 자신에 대해서 생각해보았습니다. '내가 왜 박사를 시작하려고 했는지, 내가 정말로 좋아하는 것은 무엇인지, 지금 이 과정을 겪으면 과연 어떤 미래가 나를 기다리고 있을지' 등에 대해서 말이죠. 그리고 박사과정에 들어온 것을 후회하면서도, 혹시나 이 과정을 마치지 못하면 나중에 이 후회가 2배, 3배로 더 커지지는 않을까 하는 생각도 들었습니다. 이런 생각이 조금 정리되자, 그때부터 논문에 몰입할 수 있었습니다.

Q   박사과정 논문을 쓰는 과정은 어떠셨나요?

A   코스워크를 마치고 어떤 주제로 논문을 써야 하는지 헤매던 시절이 있었습니다. 사실 입학할 때 정해놓았던 논문 주제가 있었지만, 코스워크를 하면서 새로운 이론들을 접하고 다양한 고민을 하느라 정작 본래 하고자 했던 주제에 대해서는 잠시 잊고 있었습니다. 그때 지도교수님께서 저에게 "처음 박사과정에 지원했을 때 공부하려고 했던 그 주제로 논문을 쓰면 되는데 왜 이렇게 헤매고 있냐."라고 하시며 질책하셨습니다. 결정적인 순간에

해주신 조언 덕분에 초심을 잃지 않고 묵직하게 밀고 나갈 수 있었습니다. 참 신기한 것은 지도교수님께서 입학 당시 제출했던 주제를 기억해주셨다는 사실입니다. 그 당시 주제로 방황하던 저에게 그 주제를 일깨워주셨던 것이 졸업을 하는 데 큰 도움이 되었고, 지도교수님께 아직도 감사하고 있습니다.

제가 박사과정을 할 당시 남편도 직장을 다니면서 동시에 박사과정을 진행하고 있었고 비슷한 시기에 논문 심사를 받았습니다. 저희 둘 다 일과 학위를 병행했기에 시간적인 여유는 없었지만, 그때 남편과 이런 이야기를 나눈 것이 기억납니다. "똑똑하거나 학문적으로 우수해서 박사가 되는 것이 아니라, 박사논문 심사를 통해서 다시 박사로 태어나는 것이다."라고요. (웃음) 때로는 교수님들에게 수모 아닌 수모도 당하고, 제 능력의 한계를 깨닫고 좌절하는 과정들을 겪은 것도 큰 도움이 되었습니다. 만약 그런 과정을 겪지 않았다면, 제가 아는 것이 세상의 전부라고 생각하고 제 자신이 잘난 줄 착각할 수도 있었을 겁니다. 이것이 박사과정만 마친 것과 논문 심사까지의 과정을 모두 마친 것의 차이라고 생각합니다. 박사과정은 '인간이 되는 과정'이라고 생각합니다.

Q 박사학위가 박사님의 삶에 어떤 영향을 주었나요?

A 저는 비교적 늦게 박사학위를 시작했고 학부 전공과는 조금 다른 분야를 선택했기 때문에, 박사학위가 향후 저의 진로에 도움이 될 것이라고는 생각하지 못했습니다. 그러나 그때 공부한 내용들과 취득한 학위가 저의 진로와 현재 직장에서의 삶, 그리고 직장 이외의 삶에도 많은 도움을 주었습니다.

우선 학문적인 측면에서 박사과정이나 논문을 쓰는 과정에서 많은 지식을 축적하게 됩니다. 다양한 활동들이 당시에는 학문에 대한 호기심을 충족시켜주었고, 현재는 수업과 제 작업을 진행하는 데 많은 도움을 주고 있습니다. 당시에 배운 이론들을 학생들에게 전달하기도 하고 특히 논문 지도를 하는 데 많은 도움이 됩니다.

좀 더 현실적인 측면에서는 박사학위 소지자라는 것 자체로 취업을 하는데, 그리고 외부 프로젝트를 수행하는 데도 큰 도움을 받았다고 생각합니다. 또한 박사과정을 진행하면서 제 자신에 대해 성찰하고 낮아지며 인간적으로도 성숙해지는 계기가 되었다고 생각합니다.

Q 마지막으로, 일하면서 박사학위를 취득하고자 하는 후배들에게 해줄 조언이 있다면 어떤 것들이 있을까요?

A 학위 자체에만 연연하면 학위를 취득하고 난 후에 보상을 기대하게 됩니다. 그리고 혹시나 본인이 생각했던 보상을 받지 못할 경우 심적으로 힘들어하는 경우를 많이 보았습니다. 그러므로 박사과정을 내가 하고 싶은 공부를 마음껏 할 수 있는 기회라고 여기고, 그 과정을 즐기며 공부하시기 바랍니다.

김광추

★ ★ ★ ★ ★

56세,
경희대학교 기계공학 박사(2000년 취득),
現 한국전력기술 스페셜리스트

Q 현재 소속과 하시는 일을 간단하게 소개해주세요.

A 현재 한국전력기술 주식회사에서 원자력발전소 계통 설계 업무를 담당하고 있으며, CFD 해석 분야 스페셜리스트 직책을 맡고 있습니다.

Q 입학하신 학교와 전공을 알려주세요.

A 경희대학교 기계공학과에서 열유체 전공으로 박사학위를 취득했습니다. 1995년 3월 입학해, 2000년 2월에 졸업했습니다.

Q 박사과정을 시작하신 계기가 무엇이었는지요?

A 입사 초기 회사 내 연구소에 발령을 받아 근무했는데, 이때 팀의 주된 업무가 발전소 열유체 해석에 대한 것들이었습니다. 이 열유체 해석은 제 석

사과정 전공이기도 했으며, 마침 같은 팀 팀장도 저와 동일한 전공으로 박사학위를 취득하신 분이었습니다. 연구소라는 환경 특성상 많은 분들이 박사학위를 가지고 있었으며, 프로젝트를 추진하면서 만난 상대 기관 분들도 대부분 박사학위를 가지고 있었습니다. 이러한 분위기에서 자연스럽게 학위가 회사 업무에 도움이 된다며 조언하시는 분들이 많아 고민하던 차에, 회사가 학교에서 멀지 않은 곳으로 이전하게 되면서 박사과정을 시작하게 되었습니다. 전공은 석사과정과도 연계되며 회사 업무에도 도움이 될 수 있는 열유체 분야로 결정했습니다.

Q 박사과정을 하시면서 기억나는 에피소드가 있다면 소개해주세요.

A 코스워크 기간 동안 회사를 다니면서도 최대한 모든 수업과 시험에 참여하려 노력했습니다. 코스워크 기간은 학위 기간의 첫 단계로 이 기간이 늘어나면 학위에 필요한 기간도 늘어날 수밖에 없겠다는 판단이 들었습니다. 다행히 다른 파트타임 박사들도 있었고, 모교이기에 시스템을 미리 잘 알고 있었던 것도 큰 도움이 되었습니다.

교수님들께서 파트타임과 일부 풀타임 학생들을 모아 야간에 수업을 개설해주시는 등 전적으로 학생 중심으로 커리큘럼을 짜주셨습니다. 또 어떤 학기는 주간 수업들을 하루에 들을 수 있도록 몰아주시기도 했는데, 그런 경우에는 연차를 내서 적극적으로 참여했습니다. 수업을 듣는 매일매일이 너무 행복했습니다. 회사 일로 어쩌다 수업에 불참하는 경우는 퇴근 후에라도 교수님을 찾아뵙고 사정을 말씀드리며 리포트로 수업을 대신할 수 있도록 부탁드리기도 했습니다.

연구실 후배들이나 학과 교수님들에게도 지속적으로 연구 활동을 하는 모습을 보여주려고 했습니다. 회사와 학교가 가까워서 코스워크 기간부터 결혼을 하기 전까지는 매일 퇴근 후에 학교 연구실로 가서 후배들과 스터디를 할 수 있었습니다. 스터디가 늦게 끝나는 날에는 종종 연구실에서 자기도 했는데, 그런 날은 연구실에서 다음 날 아침에 회사로 바로 출근했습니다.

본격적으로 논문을 쓰기 시작한 1년 반 동안은 거의 매일 회사 사무실이나 학교 연구실에서 밤을 새웠습니다. 주간에는 회사 업무를 하다 보니 퇴근 후에 분석이나 결과 정리를 해야 했고, 때때로 결과가 만족스럽지 않아 재분석 등에 몰두하다 보면 집으로 퇴근하는 것이 어려웠습니다. 제가 논문을 쓰던 시절엔 일반 가정에 사양이 좋은 전산장비를 갖추기 힘들었고 방대한 해석 자료들을 이동하기 위한 포터블 장치들도 쉽게 구할 수 없었기 때문입니다. 그 당시에 큰 애가 3살이었고 아내가 둘째를 임신하던 중이었는데, 그때 많은 시간을 함께 보내지 못해서 지금까지도 미안한 마음이 남아 있습니다.

한 가지 정말로 기억에 남는 것이 있습니다. 지도교수님께서 정년으로 퇴임하시기 전에 어떻게든 제 박사논문을 마쳐야 한다는 강박이 있어서 늘 시간에 쫓겨 연구했습니다. 하지만 인생이 계획대로만 되는 것은 아니더라고요. 어떻게 해서든 교수님의 정년에 맞추어 논문을 작성하려고 했으나 연구 결과가 늦게 나오면서 교수님과 검토할 수 있는 시간이 부족해 한 학기 연기되는 일이 있었습니다.

그때 그동안 쌓인 피로와 낙담으로 회사에도 며칠간 못 나갈 정도로 힘들었던 기억이 있습니다. 논문만 다 쓰면 된다는 생각에 논문 제출일자에 다다라서 가져간 것이 원인이었습니다. 중간중간 지도교수님을 찾아뵙고 연구 진행과 결과에 대해 의논했더라면 어땠을까 하는 아쉬움이 남습니다. 어쨌든 섭섭한 마음을 뒤로하고 부족한 부분들을 보강하고 논문을 재작성해 그다음 학기에 학위를 통과했습니다. 결국 저는 두 분의 박사학위 지도교수님이 생긴 것이지요.

Q   그 정도로 박사과정에 몰두하셨으니 좋은 성과도 있으셨겠어요.

A   하하. 네. 지금까지 논문 발표를 한 것을 생각해보면 학위 기간 동안이 대외적으로 가장 많이 논문을 발표한 시기였습니다. 학위를 받기 위해서는 국내외 유명 학술지에 몇 편의 논문을 발표해야 한다는 요건이 있기도 했지만, 논문 심사에서 관련 연구의 대외 논문 실적이 많을수록 유리할 것이라 판단했기 때문입니다. 실제로 많은 연구 실적은 논문 심사 교수님들에게 좋은 인상을 심어주었습니다.

Q   박사학위 취득이 선생님의 삶에 어떠한 영향을 주었나요?

A   솔직히 박사학위 취득이 성취감이나 부모님과 식구들에게 뿌듯함을 안겨드린 것 외에는 큰 영향을 주지는 않았다고 생각합니다. 회사의 진급이나 급여적인 면에서도 도움이 되지 못했습니다. 설계 회사이다 보니 직접적으로 효용이 되는 기술사가 더 우대받는다고 생각합니다. 그러나 박사학위가 있어 기술적인 토론에서 덜 위축되며, 상대 업체들을 만나 토론하는 경우에도 기술적 의견들을 덜 무시받는 경향이 있습니다.

또한 회사 내에서 발생한 기술적인 문제들을 해결하는 데 석박사과정에서 공부한 전공 지식이 큰 도움이 되었습니다. 또한 박사과정에서 연구했던 기술이 산업현장에서 각광받기 시작한 덕에 이 분야에서 스페셜리스트라는 직책을 오랫동안 맡아올 수 있었습니다. 박사학위를 취득하고 가끔 대학이나 대학원에서 학생들을 가르치는 기회도 가질 수 있었는데, 이 경험은 학생들뿐만 아니라 제게도 관련 지식을 넓히고 이해하는 데 도움이 되었다고 생각합니다.

Q 일과 학업을 병행하고자 하는 후배들에게 해줄 조언이 있다면 어떤 것들이 있을까요?

A 실용적인 측면에서 가능하다면 모교에서 학위를 취득하는 게 유리하다는 말씀을 드리고 싶습니다. 한 가지 더 말씀드리자면, 가능하면 회사에서 멀지 않은 곳에 학교가 있으면 여러모로 유리하다는 말씀도 전해드리고 싶습니다. 전공 분야는 회사 일과 관련되거나 도움이 될 수 있는 분야를 선택할 것을 추천합니다.

가족의 도움 없이는 회사를 다니며 학위를 받는 것이 쉽지 않습니다. 비용적인 부분도 고려해야 하고, 긴 시간 동안 가정에 충실할 수 없기 때문에 가족들의 이해가 절대적으로 필요합니다. 기혼자라면 가족과 충분히 상의한 후에 결정하는 것을 추천합니다.

학위 취득 기간은 가능한 줄일 수 있도록 노력해야 합니다. 취득 기간이 길어질수록 정신적인 피로가 급격하게 증가하며 보이지 않는 비용도 늘어나기 때문입니다. 일반적으로 지도교수가 학생들을 한 번에 많이 내보낼 수 없어 나름대로 순서를 정하는데, 이때 누군가 문제가 생기면 순서가 바뀔 수도 있습니다. 따라서 코스워크 기간 중에도 논문에 대한 스터디를 병행해 미리 준비하는 것이 좋으며, 자주 지도교수와 면담하며 좋은 관계를 유지하는 것이 유리합니다.

사실 많은 사람들이 학위를 받고 나면 뭔가 크게 달라질 거라 생각하지만, 실제로는 큰 변화나 도움이 되지 않을 수도 있습니다. 따라서 학위 취득 후 더 나은 직장으로 재취업이 될 것이라 믿고, 학위 취득을 위해 회사를 그만두거나 하는 일에는 가급적 신중하기 바랍니다.

3장 직장 생활을

슬기롭게 병행하는 법

일이 우선인가?
학위가 우선인가?

우선순위를 정하자

일이 우선인지 학위가 우선인지는 사람마다 다를 것이다. 그리고 그 우선순위가 자주 바뀌기도 한다. 필자의 경우에는 늘 회사가 우선이었다. 학위를 받는 목적도 '직장 내에서 나의 전문성을 높이기 위한 것'으로 확고했다.

개인적으로는 코스워크를 듣는 시간이 너무나도 행복했다. 일주일에 한 번 정도 학교를 나갔는데, 직장에서 경쟁과 실적에 치이다가 탁 트인 캠퍼스에 나가서 강의를 듣는 것 자체가 하나의 힐링이었다. 어린 친구들과 강의 이외에 이런저런 이야기를 나눌 수 있던 것도 커다란 수확이었다. 띠동갑 젊은 친구들은 무엇을 좋아하고, 어떤 계획들을 세우고 있는지 이야기를 나누어 보는 것은 커다란 기쁨이었다. 회사 내에서 후배 직원들과는 이런 대화를 나눌 수 없었다. 회사에서는 후배들이 본인의 생각을 제대로 이야기하지 못하는 경우가 많았다. 필자를 하나의 인격체로 보기보다는 그저 자신을 평가하는 상사로만 대하는 경우가 많았기 때문이었다. 그래서 매주 강의에 참석하는 그날을 손꼽아 기다렸다.

그러나 박사학위를 통해서 커리어에 변화를 주고 싶은 사람들이라면 사정이 조금 다르다. 박사과정을 진행하는 동시에 교수님과의 프로젝트나 학술지 작업을 병행할 수도 있기 때문이다. 이런 사람들은 아무래도 파트타임으로 박사과정을 이수하더라도 정성적인 가중치는 학위에 쏠릴 수밖에 없다.

때로는 일과 학위의 경중이 시간이 지남에 따라 달라지는 경우도 있다. 처음에는 학위가 상대적으로 더 중요했다가 코스워크를 기점으로 직장이 중요해지는 경우도 있고, 그 반대의 경우도 있다. 그래서 어느 것이 더 중요한가에 따라 본인에게 맞는 스케줄을 정하고, 한번 정하면 그냥 쭉 밀어붙이는 뚝심이 필요하다.

일과 공부의 병행이 가능한 환경을 만들자

코스워크와 논문을 쓰는 기간을 통틀어 한 가지 팁을 드리자면, 일과 공부를 병행할 수 있는 환경을 만들면 좋다는 것이다. 필자는 벤

처기업에 다니면서 논문을 병행했다. 직장에서 집으로 가는 길 중간에 공립도서관이 있었는데, 도서관 열람실에서 10시까지 공부를 하고 귀가하는 것을 습관화했다. 집 거실에 커다란 책상을 놓고 아이들과 함께 공부하는 분위기를 조성했다는 분도 계셨다. 저녁식사 이후에 거실 책상에 앉아 아이들은 숙제와 독서를 하고, 본인은 논문을 쓰는 생활을 지속하셨다고 한다. 인터뷰를 해주신 김광추 박사님께서는 직장과 학교가 가까워서 퇴근 이후 학교 연구실에 가서 데이터를 모으는 작업들을 하셨다고 한다.

이처럼 일과 공부의 병행이 가능한 환경을 만드는 것이 중요하다. 이러한 환경을 만들기 위해서 지금 당장 할 수 있는 것이 무엇인가? 주말에 아이들과 함께 도서관을 가는 것은 어떨까? 아니면 거실 소파 위에 TV 리모콘 대신 읽어야 하는 논문이라도 몇 개 놓아두는 것은 어떨까?

코스워크와 논문 쓰는 기간을 구분하자

입학 초기부터 전략적으로 코스워크와 논문 쓰는 기간을 구분해두는 것이 좋다. 각 기간의 성격이 완전히 다르기 때문이다. 그 기간 동안 해야 할 것들을 미리 계획하는 것이 좋다.

코스워크 기간에는 아무래도 수동적으로 임하게 될 수도 있다. 동기나 선배들에 떠밀려서 수업을 들을 수도 있다. 그러나 논문학기가 되면 더 이상 단체로 진행되는 행사나 수업은 없다. 단지 개인별

활동만 있을 뿐이다. 철저하게 개인별로 작업을 하고, 개인별로 피드백을 받는다.

논문학기가 시작되면 모든 것을 혼자서 계획하고, 연구하고, 보고하고, 피드백을 받아야 한다. 그래서 많은 사람들이 이 시기를 힘들어한다. 코스워크 기간에는 본인이 주도적으로 하지 않아도 얼떨결에 얻게 되는 것들이 있으나, 논문학기부터는 본인이 직접 챙기지 않으면 아무것도 얻을 수 없다. 다른 사람들이 절대로 거저 알려주지 않는다. 이때부터는 지도교수님과 상의하기도 하지만 학교 행정실과도 긴밀하게 연락해야 한다. 학생들 중에서 의외로 학사 일정을 꼼꼼하게 확인하지 않아서 낭패를 보는 경우가 많다. 연구계획서 제출 마감일이나 박사종합시험 일정 등은 물론이고, 논문 제출 일정 등을 미리미리 확인해 진행에 차질이 없도록 해야 한다.

절대로 업무 시간에
공부하지 마라

말 그대로 '절대로 업무 시간에 공부하지 말 것'을 추천한다. 필자는 박사과정에 처음 지원했을 때부터 업무 시간에는 절대로 공부를 하지 않겠다고 다짐했다. 이런 다짐 없이 직장과 대학원 생활을 병행하면 일과 학업의 밸런스가 깨질 수 있다.

모범적인 직장 선배가 되어라

그럼 일과 학업 두 마리 토끼를 놓치지 않기 위해선 어떻게 해야 할까? 우선 직장에서 모범적이고 좋은 선배가 되어야 한다. 직장에서 모범적인 선배가 되는 것은 괜찮은 후배 노릇을 하는 것보다 100배는 어렵다. 일과 박사과정을 병행하는 경우, 본인 앞가림하기에 바빠 누군가를 살뜰하게 챙기기는 쉽지 않다. 그런데 가만 보면 박사를 취득한 많은 사람들이 박사과정 동안 조직 내에서 매끄럽게 일을 하지 못하는 경우가 많다. 자기 것을 챙기기에 혈안이 되어 있는 사람들이 박사학위를 딴 경우가 많기 때문이다. 그렇기에 더더욱 실력 있는 상사에서 그칠 것이 아니라 '좋은 상사'가 될 수 있도록 노력해야 한다. 같은 길을 걷게 될 후배들에게 본보기가 되겠다는 각오가 필요하다.

모범적인 선배가 되기 위해서는 우선 후배들에게 관용과 여유를 베풀어야 한다. 많은 것을 후배들에게 양보하고 잘못은 감싸줄 수 있어야 한다. 또한 여러분이 박사학위를 따고 성공적으로 커리어를 쌓게 되면, 후배들도 직장을 다니며 공부할 수 있는 여건을 만들어주어야 한다. 사실 직장과 학업을 병행하는 사람들이 조직 안에서 욕을 먹는 이유가 있다. 한 사람의 성공 사례가 다른 사람들에게 득이 되지 않는 경우가 많았기 때문이다. 학위를 따자마자 바로 이직을 한다거나, 사업체를 일구는 등 회사를 이탈하는 사례가 속출해 남은 후배들은 공부는 꿈도 꾸지 못하는 불이익을 당해왔다. 마지막으로, 같은 길을 걷고 있는 후배들이 어려움을 겪고 있을 때 적극적으로 개입해 든든한 방패막이 되어주어야 한다. 본인은 학위를 취득했다고 해서 얄밉게 쏙 빠지지 말고, 보이지 않게 후배들을 챙기고 조언을 아끼지 말아야 한다.

공부는 못 해도 논문은 써라

코스워크 학점은 졸업하는 데 큰 영향을 주지는 않는다. 코스워크에서 학점이 낮아도, 동냥젖을 먹듯이 이 사람 저 사람에게 물어보면서 어렵게 공부해도 괜찮다. 이렇게 돌고 돌아서 어렵게 졸업하는 사람들이 오히려 졸업 논문상을 받거나, 비교적 빠르게 학위를 취득하는 경우도 있다. 결국에는 모로 가도 서울만 가면 된다.

소위 '공부를 잘한다'는 것은 제한된 시간에 규격화된 문제를 얼마나 실수 없이 잘 풀어내는지를 측정하는 것이다. 그러나 박사과정의 공부는 그렇지 않다. 오히려 무수히 많이 실수하고 실패하는 것이 중요하다. 누가 빨리 해내느냐보다는 얼마나 깊고 집중적으로 해내느냐가 더 중요한 항목이다. 실수 없이 빠른 시간 안에 문제의 답만 찾기보다는 시행착오를 겪더라도 다양한 경험을 통해 흥미로운 주제를 전개해가는 과정이 더욱 중요하다.

하나의 연구가 끝났다고 해서 프로젝트를 완전히 접는 것이 아니다. 후속 연구가 진행되기도 하므로 성실함과 끈기가 요구된다. 코스워크 중에는 너무 학점에 연연하지 않아도 괜찮다. 박사학위를 들어올 정도의 사람들이라면 코스워크 정도는 무리 없이 다 마칠 수 있다. 수업 자체를 이수하지 못했거나 졸업 시험을 패스하지 못했거나 논문을 쓰지 못해서 졸업하지 못한 경우는 보았지만, 코스워크 학점이 낮아서 박사학위 취득이 불가능했다는 사람은 아직까지 보지 못했다. 혹시나 코스워크 학점이 낮아서 걱정하는 사람들을 위해서 이렇게 이야기하고 싶다. "공부는 못해도 논문은 써라."

자신을 위해 공부해라

일과 학업을 병행하느라 분주할 때일수록 스스로에 대한 근본적이고 근원적인 이유들을 생각하는 것이 중요하다. 나는 왜 박사과정을 시작했고, 이 과정은 현재 나에게 어떠한 영향을 주는지, 나의 미래는 어떻게 될 것인지에 대해서 끊임없이 고민하자.

동시에 학점에 연연하지 말고, 실제로 본인의 능력을 키울 수 있는 과목을 이수하는 태도도 중요하다. 학부 때는 대학원 진학이나 사회 진출을 위해서 학점이 중요했지만, 박사과정 내에서의 학점은 실질적으로 무의미하다. 다만 박사종합시험을 위한 최소한의 커트라인이 있을 따름이다. 그러니 이왕 시간 내어 공부하는 김에 본인의 실력을 키우기 위한 수업들을 찾아 수강하는 것이 좋다. 마음먹지 않으면 좀처럼 공부할 기회를 얻기 어려운 통계를 비롯해, 사회생활을 하면서 접하기 힘든 기초학문들을 수강할 것을 권장한다. 우리가 인생을 살면서 기초학문을 접할 기회가 몇 번이나 있을까 생각해보자. 아마도 박사과정이 기초학문을 공부할 수 있는 인생의 마지막 기회가 아닐까?

뒤늦게 공부를 시작했다고 해서 너무 조급해하지 말자. 오히려 인생 전체를 놓고 볼 때, 그리 늦지 않은 시기일 수도 있다. 그렇다면 자신을 위해, 자신의 실력을 키울 수 있는 과목을 선택할 것을 권한다.

다양한 프로그램을
활용하라

기계치와 얼리어답터

필자와 함께 수업을 들었던 두 박사님에 대해 이야기해보고자 한다.
먼저 A박사님은 대기업에 신입사원으로 입사해 커리어를 쌓다가 좋
은 아이템을 가지고 독립하신 분이다. 회사를 설립한 지 10년 만에
직원 100명이 넘는 중소기업을 이루고, 특수대학원에서 경영학 석
사를 받고 경영학 박사과정에 입학하셨다. 반면 B박사님은 고등학
교를 졸업하고 중소기업에 사환으로 입사해 야간 대학교를 다니며
회계학 학사학위를 취득했고, 후에 본인이 좋아하는 영문학으로 석
사과정을 마치고, 현재는 상담학으로 박사과정을 밟고 계시는 분이

다. 두 분은 필자와 연배도 비슷하고 고향도 가까워서, 전공은 다르지만 금새 친구처럼 친한 사이가 되었다.

그런데 A박사님은 본인이 '컴맹'이며 '기계치'라고 스스로 자랑스럽게 이야기하고 다녔다. 통계 수업에서는 거의 모든 실습 과제물을 직원 혹은 조교에게 부탁해서 제출하셨다. 반면에 B박사님은 통계 프로그램인 SPSS에서부터 R까지 섭렵하시고, 최근에는 파이썬(Python)을 배우고 계신다. 이런 경우 아무래도 기계와 소프트웨어에 익숙한 분과 교류하고 싶지, 아무것도 모른다고 손 놓고 계신 분과는 일적으로 교류하고 싶지 않을 것이다. B박사님은 어렵게 공부하셨지만 지금은 모든 것들을 스스로 다 처리하시고, 젊은 친구들의 통계 자료 분석마저 도맡아서 하고 계신다.

젊은 사람들도 간단한 프로그램을 잘 모르거나 활용하기 힘들어하는 경우도 있다. 모르는 것을 물어보는 태도는 중요하지만, 자신의 이러한 부족함을 메꾸지 않고 그저 '관계'로 해결하려 해서는 안 된다. 박사과정은 기본적으로 자기계발의 연장선상이고, 이를 위해서는 빠른 지식 습득이 필수적이다. 이런 기본적인 소프트웨어 프로그램을 습득하는 것도 필수 역량에 포함된다는 것을 기억하자.

기본 프로그램을 정복하자

논문을 쓰는 데 필요한 워드프로세서와 파워포인트는 기본이고, 서지 관리 프로그램인 엔드노트(EndNote)나 멘델레이(Mendeley)는 평소에 익혀놓는 것이 좋다. 필자는 학교 중앙 도서관에서 진행했던 엔드노트 특강을 미리 수강했다. 이 프로그램을 잘 이용하면 논문 작성 막바지에 드는 시간을 많이 줄일 수 있다. 논문을 쓰는 분들에게 이 프로그램을 소개해드렸더니 다들 새로운 세계를 만났다며 신기해했다. 요즘은 유튜브 등에서 이런 프로그램을 어떻게 이용하는지에 대한 영상이 많으니 어렵지 않게 배울 수 있다.

또한 학교 도서관 홈페이지에서 학술정보 교육을 이수하는 것도 좋은 방법이다. 도서관 홈페이지를 잘 찾아보면 웬만한 소프트웨어 사용법들은 다 소개되어 있다. 이런 동영상은 대부분이 1시간이 넘지 않는 경우가 많아서 잠깐 시간 내서 한 번만 제대로 보면 기본적인 사용법은 터득할 수 있으니 꼭 찾아서 수강하기를 권한다.

알고 나면 별 기능도 아니지만 모르면 그저 신기한 기능이다. 폴더폰을 쓰던 시절, 누군가 아이폰을 사용하는 모습이 그렇게 신기하게 보였다. 애플리케이션을 터치하면 화면 가득 펼쳐지는 새로운 기능들에 눈이 휘둥그레졌다. 소프트웨어가 그렇다. 알고 나면 그렇게 쉽고 편한 것들이, 모르는 상태에서 남에게 부탁할 때는 왜 그리 어렵고 힘든지. 단순한 소프트웨어 기능이 아닌 약간의 이론을 필요로 하는 통계 프로그램들은 방학이나 교내 특강 과목들을 통해 미리미리 수강해놓자. 박사과정 중에 다양한 소프트웨어를 배워둔다면 졸업 이후에 어떤 프로그램을 만나더라도 사용하는 데 두려움이 없을 것이다.

집과 회사에서 쓰는 컴퓨터 이외에 본인이 가지고 다닐 수 있는 노트북이 있으면 여러모로 편하다. 휴대가 쉬운 노트북이 있으면 출퇴근 시간이나 해외 출장 시 지하철이나 비행기 안에서, 혹은 미팅을 기다리는 자투리 시간에 논문을 쓸 수 있다. 필자는 처음부터 노트북으로 논문을 썼고, 그 노트북이 아니면 논문이나 학업과 관련된 일들을 하기 어려울 정도였다. 글을 쓰는 일이 대부분이고 몇 가지 통계 프로그램과 소프트웨어만 쓰면 되므로 성능이 뛰어나거나 비싼 것일 필요는 없다. 가볍고 휴대성이 좋은 것을 추천한다. 작은 가방에 들어가고 틈틈이 꺼내서 쓸 수 있기만 하면 된다. 학술대회나 발표를 할 때 빔프로젝트와 연결하거나 강의를 할 때도 유용하게 쓸 수 있다. 혹시 이동이 잦고 자투리 시간을 최대한으로 활용하고자 하는 사람들은 휴대폰과 블루투스 키보드를 연결해 사용하는 것도 추천한다. 언제 어디서나 논문 작업을 할 수 있는 좋은 도구다. 커피숍에서 누군가를 기다리는 짧은 시간에도 노트북을 켜지 않고 휴대폰으로 바로 작업할 수 있기 때문이다.

또한 구글 독스(Google Docs)나 에버노트(Evernote) 같은 프로그램도 알아두면 좋다. 각 디바이스에서 실시간으로 클라우드에 저장되기 때문에 어디에 있든 인터넷만 되는 곳이라면 시간 날 때마다 접속해 문서 작업을 할 수 있다. 또 공동 작업을 할 때도 실시간으로 모니터링이 되기 때문에 빠른 문서 작업이 가능하다. 이 밖에 목차 정리를 위한 '워크플로위(Workflowy)'와 머릿속의 생각들을 정리할 수 있는 마인드 맵 프로그램도 추천한다. 또한 논문에 들어갈 인터넷 자료 등을 모을 때 '포켓(Pocket)'이라는 애플리케이션도 유용하게 사용했다. 웹페이지를 저장하는 프로그램으로, 나중에 필요한 페이지를 저장해두고 다시 볼 때 편리했다. 웹브라우저에 설치해놓으면 클릭 한 번으로 내가 원하는 페이지를 저장할 수 있고, 해시태그(#)를 사용해 주제별로 정리할 수 있다는 장점이 있다.

계획을 세우고
주위에 미리 알려라

시간을 쪼개 계획을 세워라

직장과 박사과정을 병행하기 위해서는 결국 계획을 세우고, 한정된 시간을 쪼개서 실행하는 방법밖에는 없다. 하루를 시작하면서 언제나 그날 할 일을 메모지에 적는 것을 습관화하는 것이 좋다. 적게는 5~6개에서 많게는 10개 이상의 일정을 리스트업하게 되는데, 이 중 80% 정도만 소화해도 성공적인 하루라고 볼 수 있다. 계획표를 짜는 것은 하루하루 생활에 긴장을 주고 자기 스스로를 감독할 수 있게 만든다. 그런 의미에서 박사과정 내내 '계획 세우기'를 습관화하는 사람들이 많다. 스마트폰의 계획표 애플리케이션이나 계획표 위주로 구성된 플랭클린 다이어리 등을 활용해 주기적으로 일정을 업데이트하는 것을 추천한다.

우선 직장에서 할 일과 박사과정에서 해야 할 일을 명확하게 구분하는 것이 중요하다. 직장에 다닌다는 건 어딘가에 매인 몸이라는 뜻이다. 일정한 근무 시간을 지켜야 하고 월급을 받는 만큼 일해야 한다. 그날 하루에 직장에서 해야 할 일들을 리스트업 해놓고 하나씩 지워나가는 방식으로 일정을 관리하면 성취감도 높이고 실수도 줄일 수 있다.

필자는 구글 캘린더를 활용해 일정을 관리한다. 구글 캘린더는 색깔별로 구분하기가 용이하게 되어 있다. 이 캘린더에 중간·기말고사의 각 과목별 시험 일정은 물론, 토론 수업의 프레젠테이션 일정과 과제 제출일 등을 빼곡히 적어놓는다. 중요한 것은 이것을 직장에서 사용하는 캘린더와 같은 곳에 기록해두어야 한다는 점이다. 그래야 직장에서 해야 하는 일과 대학원에서 할 일은 무엇인지 한눈에 파악할 수 있어 전체적인 계획이 용이하다.

이렇게 하루 계획을 세우고 하나씩 지워나가는 식의 계획표의 효능은 무척 크다. 우선 그날 해야 할 일을 명확하게 알 수 있다. 한마디로 견적서가 나오는 것이다. 그리고 이 견적서를 바탕으로 내가 얼마나 열심히 일해야 하는지도 계산해볼 수 있고, 해야 할 일을 빼놓지 않고 정확하게 챙길 수 있다. 두 번째 효능은 내 자신이 얼마만큼 일하고 공부할 수 있는 사람인지를 측정할 수 있게 된다. 필자는 이렇게 일정표를 관리하면서 내가 하루에 읽을 수 있는 학술지논문이 몇 편인지, 회사에서 대략 몇 가지의 일을 할 수 있는지를 정확하게 파악할 수 있게 되었다.

구글이나 네이버, 다음에서 제공하는 캘린더를 활용하면 하루 계획뿐 아니라 5년, 3년, 1년 계획 등을 다양하게 짤 수도 있다. 그리고 각 프로젝트마다 날짜별로 진도를 체크할 수 있는 간트 차트도 있다. 이러한 기능들을 이용해 일정을 짜고 완료한 것들을 체크하는 식으로 매일매일을 채워나가면 시간을 효율적으로 사용할 수 있을 것이다. 이는 일과 학업을 병행하며 공적인 나의 삶과 개인적인 삶 사이에 균형 있는 삶을 살고자 하는 사람들에게 꼭 필요한 일이다.

점심시간 100% 활용하기

직장과 학업을 병행하는 사람들에게 점심시간은 곧 황금 시간이다. 시간대로 봤을 때도 점심시간은 업무 능률이 가장 좋은 시간이다. 게다가 근로기준법상으로도 업무 시간 중 1시간은 휴게 시간으로 명확하게 명시되어 있으므로 자유롭게 사용할 수 있는 나만의 시간이다. 학업을 병행하다 보면 교학팀에 필요한 서류를 제출해야 할 때도 있고, 여러 교수님들께 이메일을 보내야 하는 일도 생긴다. 이때 점심시간을 활용해 이메일을 보내거나 필요한 서류를 팩스로 보낼 수 있다. 그날 보내야 하는 문자 메시지가 있다면 그때 미리 작성해두는 것도 좋은 방법이다. 또 밀린 일들이 있으면 사무실에서 완전히 집중해서 일을 하는 것도 커다란 만족을 준다.

점심시간만 잘 이용해도 웬만한 자투리 시간을 활용하는 것보다

3~4배의 성과를 올릴 수 있다. 그리고 특히 시험을 앞둔 경우에는 출근 전에 공부를 하고, 출근해서는 맡은 회사 업무를 한 후, 점심시간에는 다시 출근 전 공부했던 내용을 떠올려보는 식으로 활용할 수 있다. 아무도 없는 사무실에서 집중해서 책을 읽거나 큰 소리로 발표 연습을 할 수 있는 가장 좋은 시간이 바로 점심시간이다.

필자가 뉴욕에서 일할 때 뉴요커들의 직장 문화 중 가장 인상적이었던 것은 점심시간에 혼자 식사를 하면서 신문이나 책을 읽거나, 무언가를 메모하는 등 그 시간을 '생각하고 정리하는 시간'으로 활용하는 모습이었다. 우리나라는 점심시간에 동료들과 함께 식사를 하면서 담소를 나누는 것도 하나의 사회생활로 여긴다. 이것도 좋은 일이다. 하지만 직장과 학업을 동시에 수행하는 입장에서는 모든 것을 다 완벽하게 챙길 수는 없다. 점심시간은 하루 중 가장 중요한 황금 시간이고, 능률도 가장 높을 때이므로 좀 더 효율적으로 활용할 필요가 있다.

본인의 계획을 주위에 미리 알려라

본인의 계획을 미리 주위에 알리는 '미리 알림' 기능을 만들자. 가능하면 같은 부서 사람들에게는 중간·기말고사나 박사종합시험의 일정을 알리고 사전에 양해를 구하는 것이 좋다. 자신의 일정을 미리 알려두면 그 기간이 되었을 때 최소한의 배려를 기대할 수 있다. 조직 안에서 혼자 이익을 챙기는 '밉상'이 되지 않기 위해서는 중요한 일정들을 미리 공유해 양해를 구하고, 그 이외의 시간에는 본인이 다른 이들을 위해 양보하고 배려하는 노력들을 보여줘야 한다. 박사 과정 역시 하나의 사회생활이다. 학문을 연구하기에 앞서서 기본적인 사회의 룰을 습득하고 공생하는 법을 배워야 한다.

이런 '미리 알림' 기능은 가정에서도 좋은 영향을 미친다. 공부를 한다는 핑계로 가정 내 대소사에 빠져야 할 때, 이 미리 알림 서비스를 이용하면 서로 마음 상하지 않고 문제를 해결할 수 있다. 또한 무엇보다도 자기 자신에게 도움이 된다. 주위에 자신의 일정을 알리는 과정에서 스케줄을 미리 확인하게 되고, 이에 대한 대비책을 마련할 수 있다. 한정된 시간을 효율적으로 활용하는 법에 대해서 생각하게 되고, 지금 나에게 가장 중요한 것이 무엇인지 고민해보게 된다. 이를 통해 박사학위라는 커다란 목표 이전에 넘어야 할 단기적인 목표들에 집중할 수 있다. 예를 들면 중간고사 기간을 미리 알려놓으면 적어도 이 기간 동안 갑자기 잡히는 약속에서 자연스럽게 빠질 수 있다.

미리 알림 서비스는 중장기적으로도 활용 가능하다. 특히 논문을 작성하는 데 있어서 많은 도움을 받을 수도 있다. 혹시나 자신이 속한 조직과 관련해 논문을 쓰는 경우에는 특히나 그렇다. 조직 내의 이야기들이 논문이 된다는 생각에 동료들이 관심을 보이며 반짝이는 아이디어들을 낼 수도 있다. 특히 그 조직을 상대로 설문조사를 하는 경우라면 이 기능이 더욱 도움이 될 것이다.

아는 것을 주위에
너그럽게 가르쳐줘라

청기와 장수 이야기

혹시 '청기와 장수'라는 말을 알고 있는가? 이는 '저만 알고 남에게 는 알리지 않아 어떤 일을 자기 혼자서 차지하려는 사람'을 의미한다. 옛날에 어떤 사람이 청기와 굽는 법을 알아냈으나 이익을 혼자 차지할 생각으로 아무에게도 그 방법을 알려주지 않고 죽었다고 한다. 그 바람에 후세에까지 청기와를 만드는 비법이 전해지지 않았다는 이야기에서 비롯한 말이다. 직장과 학교, 혹은 어느 곳에서든 작은 노하우나 방식을 마치 '청기와 장수'처럼 남에게 알려주지 않는 사람들이 있다. 정보화 시대에 작은 노력만 기울이면 바로 알 수 있는 사소한 정보도 자기 것인 것마냥 좀처럼 알려주지 않는 사람들 말이다.

필자는 통계를 배운 지 오래되었기 때문에 방학만 되면 통계 특강을 수강했다. 언젠가 논문을 쓸 때 반드시 사용하게 될 것이라는 판단을 했기 때문이다. 그런데 배울 때는 곧잘 따라하던 것이 막상 실전에 적용하려고 보니 어려움이 많았다. 그래서 주위 사람들에게 질문을 하기도 했고, 함께 수업을 듣는 사람들에게 도움을 요청하기도 했다. 하지만 대부분의 사람들이 본인은 잘 모른다고 하며 거절하기 일쑤였다. 물론 그 덕분에 나는 통계 프로그램 사용법에 관한 유튜브 강좌도 듣고 책도 찾아보면서 혼자 '물고기 잡는 법'을 터득하게 되었으나, 한편으로는 참 안타까웠다. '배워놓고 보니 대단한 노하우도 아니고 작은 기술 관련 지식인데, 흔쾌히 가르쳐주었다면 내가 일생을 두고 고마워했을 텐데.' 하는 생각이 들었기 때문이다.

코스워크 기간 중에 동기들끼리 함께 논문을 발표할 때, 원서를 나누어서 번역할 때가 있다. 그때 영어 실력이 부족한 사람들은 상대적으로 적은 분량을 맡는다. 그럴 경우 필자는 바쁜 가운데서도 내가 발표할 부분을 좀 더 늘리기도 했고, 다른 사람들이 맡은 분량의 일부분을 대신 번역해주기도 했다. 박사학위 논문을 다 써놓고 마지막 교정을 볼 때 내가 문장을 다듬어준 경우도 많았다. 무언가를 받을 생각을 하고 도움을 드린 것은 아니었지만, 그들과 술이라도 한잔할 때면 늘 논문 작성 때 도움을 주셔서 고맙다는 말을 들었다.

동료나 후배들에게 아는 것을 너그럽게 가르쳐주고 조언해주는 것이 진정한 프로페셔널이다. 자존감이 높은 사람들의 특징은 자신이 아는 것을 솔직하게 이야기해주고, 남에게 진심어린 조언을 해주며, 남이 잘되었을 때 진정한 축하를 보낸다. 자신이 가지고 있는 노하우를 다른 사람들에게 기꺼이 알려주는 사람들은 본인 스스로도 발전할 수 있다. 알량한 지식과 노하우를 움켜쥐고 다른 사람과 소통하지도 않고 혼자만 가지려고 한다면 오로지 그 수준, 그 그릇 정도밖에 되지 못한다. 자신이 알고 있는 지식이 자신의 손과 뇌를 떠날 때 새로운 지식과 노하우에 대한 갈증이 생기고, 다른 사람에게 가르쳐줄 수 있을 때 비로소 진정한 나만의 것이 된다.

모르는 것은 당당히 물어보자

본인이 모르는 것에 대해서는 솔직히 인정하고 적극적으로 주위에 물어보는 태도를 지녀야 한다. 모르는 것은 창피한 일이 아니다. 오히려 그것을 감추다가 들키는 것이 더 창피한 일이다. 물론 내가 무언가를 잘 모른다는 사실이 창피하게 느껴질 때도 있다. 이런 창피한 마음을 극복하는 방법은 하나다. 모르는 내용을 적극적으로 물어보고 적극적으로 배우는 것이다. 통계에서부터 시작해서 영어, 논문 찾는 법, 문서 편집 등 무언가를 모를 때는 적극적으로 물어보라. 최근에 어떤 논문들이 유행인지도 물어볼 수 있고, 하다못해 문서 편집에 대해서 모르는 부분이 있다면 후배 직원에게 물어볼 수도 있다. 직장을 다니면서 박사학위를 병행하는 사람들은 본인이 필요한 것들과 가야 하는 길들, 그리고 앞으로 펼쳐질 일들에 대해 주위에 적극적으로 알리고 도움을 요청하는 낮은 자세를 취해야 한다.

또한 직장과 학업을 병행하는 경우에는 평소 동료들에게 아량을 베풀어야 자신이 급할 때 도움을 받을 수 있다. 중간고사나 기말고사 기간 동안에 야근할 일들이 밀려 있거나 중요한 프로젝트가 생기면 주변의 도움 없이는 도저히 혼자서 풀 수 없다. 동료들의 마음은 어느 날 갑자기 얻을 수 있는 것이 아니다. 평소에 동료들의 경조사를 챙기는 것은 물론이고, 아는 것들을 사심 없이 알려줘야 결정적일 때 그들의 도움을 받을 수 있다. 평소에 '누구에게나' 친절하게 대하는 태도도 중요하다. 자기 팀원, 자기 부서만 챙기는 사람들은 배타적이라는 소리를 듣기 딱 좋다.

퇴근 후,
가정에서의 공부 노하우

가족 캘린더 만들기

가정에서 공부에 집중할 수 있는 환경을 만드는 첫 번째 방법은 가족 캘린더를 만드는 것이다. 가족 캘린더는 거실 벽처럼 가족들이 모두 볼 수 있는 장소에 붙여두면 좋다. 그곳에 학사 관련 일정들을 가능한 빼곡히 기입한다. 중간·기말고사 일정은 물론이고, 제출해야 하는 중요한 리포트, 그리고 발표일까지도 기입해놓으면 좋다. 가족 캘린더는 두 가지 효과가 있다. 하나는 내 자신에게 동기를 부여하는 기능이다. 어떤 일을 할 때 내 눈으로 확인할 수 있는 목표가 있어야 힘을 낼 수 있다. 또 하나는 가족들에게 내 일정을 선포하는 기능이다. 한마디로 "나 이런 일정 있으니 좀 알아주세요!"라고 이야기 해두는 것이다.

캘린더에 일정을 기입하고 나면 절반은 완성이다. 이제는 내 삶속에 있는 틈새 시간을 찾아낼 차례다. 캘린더에 일정을 적어넣다 보면 시간과 시간 사이에 틈이 많다는 사실에 놀랄 것이다. 그렇다면 그 틈새 시간에 무엇을 하면 될까? 바로 다음 캘린더 계획에 적혀있는 것을 성실히 준비하면 된다. 예를 들어 다음 주에 중간고사가 있다. 그럼 캘린더에 시험 일정을 기입한 것만으로도 가족들에게 미리 양해를 구할 수 있다. '나 중간고사 준비로 이번 주말에는 도서관에 가야 하니 다른 일은 시키지 말아달라'는 무언의 압력(?)이다. 이렇듯 모든 일정을 시시콜콜히 이야기하는 것보다 가족 캘린더에 적어 공유하는 게 더 효과적일 수 있다.

혼자 있는 시간 확보하기

직장을 다니는 사람들은 언제 공부해야 하는가? 먼저 새벽 시간을 활용해보자. 새벽은 누구의 간섭도 받지 않고 오롯이 내 시간을 가질 수 있는 시간이다. 하루 중 가장 맑은 정신으로 집중할 수 있는 시간이기도 하다. 필자의 정신적 스승이신 故구본형 선생님께서는 매일 출근 전 2시간 정도를 본인이 좋아하는 일에 쏟아부으라고 하셨다. 매일 그 2시간을 자기 인생을 위한 시간이라 생각하고 하고 싶은 것을 하며 즐기라고 하셨다. 그래서 "하루에 2시간을 떼어놓고,

하루를 24시간이 아닌 22시간으로 살라"고 말씀하시곤 했다. 회사 일과 논문 준비로 바쁘던 시절, 회식이 있어 늦게 들어온 날에도 필자는 논문을 쓰기 위해 눈을 부비며 새벽 4시에 일어났다. 그때도 '좋아하는 일을 위한 자유를 얻는다'는 생각으로 컴퓨터를 켰다. 논문 쓰는 것을 누가 좋아할 것인가. 하지만 그 대상이 무엇이든 일단 하기로 마음먹은 이상, 이제 내가 즐겨야 하는 일이라고 생각해야 한다. 논문을 쓰거나 공부하는 것을 '해야 하는 일'이 아니라 '좋아하는 일'을 한다고 생각해보자. 좋아하는 일로 하루를 시작하면 그날 하루를 여유롭게 보낼 수 있을 것이다.

다음으로 생각해볼 수 있는 건 퇴근 후 저녁 시간이다. 하루를 끝내기 전 시간을 충분히 활용한 후 행복하게 잠자리에 드는 것이다. 그러나 저녁시간은 야근이나 술자리, 미팅 등으로 침해받을 가능성이 비교적 크다. 당연한 말이지만 남들과 하루를 똑같이 살다 보면 공부할 시간을 확보할 수 없다. 자신의 의지와는 관계없는 조직의 행사들이야 어쩔 수 없다 하더라도, 적어도 내가 나서서 불필요한 약속을 만들지는 않아야겠다는 다짐이 필요하다.

인터뷰를 했던 박사님들 중에 필자와 같은 '새벽형 인간'도 있었지만 반대로 '올빼미 스타일'인 분도 계셨다. 특히 영업이나 고위 관리직에 계신 분들은 퇴근시간이 일정하지 않은 탓에 매일 같은 시간에 일어나기가 어렵다고 하셨다. 새벽 2시간을 활용하는 것은 일찍 잠들 수 있는 사람들에게는 추천할 만하지만 생활 패턴에 따라 다른 시간을 활용하는 게 더 좋을 수도 있다. 중요한 것은 '매일매일' '혼자 있는 일정한 시간'을 확보해야 한다는 것이다.

자투리 시간 활용하기

자투리 시간도 바로 활용해보자. 가장 현실적인 시간은 아무래도 출퇴근 시간이다. 자투리 시간에는 글을 쓰거나 논문을 읽기보다는 논문에 대한 아이디어나 중간·기말고사를 위한 대응책을 고민하는 것으로도 충분하다. 특히 논문의 기본 콘셉트나 리서치 모델을 고안하기에 좋은 시간이다. 새로운 환경에 있다 보면 좋은 소재나 문장들이 떠오를 때가 있다. 출퇴근 시간에 논문을 읽으면서 떠오르는 생각을 메모해두면 나중에 글을 쓸 때 한결 수월하다. 특히 논문은 1번 읽을 때와 2번 읽을 때가 다르게 느껴지므로, 가능하면 자투리 시간에 대충이라도 읽으며 통독 횟수를 늘리는 것이 중요하다. 물론 자투리 시간을 활용하는 것은 피곤한 날엔 실행이 어렵고, 우선순위에서 밀릴 가능성이 있어 보호받기 어렵다는 단점이 있다.

또 하나의 방법은 일주일에 하루를 온전히 공부하는 데 사용하는 것이다. 이는 가족들과 함께 살지 않거나 개인 시간을 자유롭게 쓸 수 있는 경우에 추천할 만하다. 쌓인 과제와 읽지 못한 논문들을 주말에 몰아서 하는 식이다. 필자의 경우 늦잠을 포기하고 평소처럼 일어나 아침 시간을 필자를 위한 온전한 시간으로 사용했다. 가족들이 주말 아침에 늦잠을 자는 동안 필자는 필자에게 필요한 일들을 한 것이다.

어떠한 시간대를 활용하든 가장 중요한 것은 습관이다. 매일 같은 시간을 활용하는 게 습관이 되면 아무리 늦게 자도 새벽에 눈이 떠진다. 이것은 의지와는 별개로 자연스럽게 몸에 배는 것이다. 지

하철에서 논문을 읽고, 휴대폰을 통해서 메모하는 것도 자연스러워
질 수 있다. 매일 하다 보면 자연스러워진다. 결국 중요한 것은 '매
일' 하는 것이다.

김효기

★ ★ ★ ★ ★

51세,
중앙대학교 정책학 박사(2013년 취득),
現 KEB하나은행 관리자

Q 현재 하시는 일은 무엇인가요?

A 현재 KEB하나은행에서 관리자로 일하고 있습니다. 현재 근무 지점으로 발령받기 전에는 금융소비자보호 기획 팀장 및 금융사기 예방 팀장을 겸직하기도 했습니다. 소비자보호 및 금융사기 예방을 위한 보이스피싱 척결 업무를 수행했습니다.

Q 박사학위를 취득하신 학교와 전공을 알려주세요.

A 중앙대학교 일반대학원 행정학과에서 정책학 박사학위를 취득했습니다.

Q 언제 박사과정에 입학하셨고, 언제 졸업하셨나요?

A 2004년 9월에 입학했고, 2013년 2월에 졸업했습니다.

Q **왜 박사학위를 취득하기로 결심하셨는지요?**

A 저는 두 가지 이유로 박사를 지원하게 되었습니다. 먼저 개인적인 이유를 말씀드리고 싶습니다. 저는 석사학위를 연세대학교에서 마치고, 결혼을 한 후 평범하게 직장 생활을 하며 지내고 있었습니다. 결혼식 때 주례를 해주신 유종해 교수님과는 인연이 깊어 종종 찾아뵙거나 저녁식사도 하고 꾸준하게 인사드리는 관계였습니다.

그런데 어느 날 교수님께서 40년을 살고서 자신을 갈고닦아 노력으로 새 삶을 사는 솔개에 대한 이야기를 들려주셨습니다. 그 당시 제 나이는 30대 중반이었고, 인생을 어떻게 살아야 할지 혼란스러워하던 시기였습니다. 평소 같으면 흘려들었을 법한 평범한 이야기가 그날 제게 커다란 울림을 주었습니다. 순간 '박사학위가 내 인생 후반기에 갑옷과 창이 될 수 있겠구나.'라는 생각이 들었습니다. 그리고 며칠 뒤에 교수님을 다시 찾아가서 박사과정을 하고 싶다는 말씀을 드리자 교수님께서는 "박사는 새로운 인생을 사는 거다. 더 큰 세상, 더 넓은 세상을 보게 될 것이다."라고 말씀하시면서 제 등을 토닥거려주셨습니다. 그리고 이렇게 말씀하셨습니다. "일과 학위를 병행해라. 절대 포기하지 말고."

Q **그럼 박사학위를 하시게 된 두 번째 이유는 무엇인가요?**

A 두 번째 이유는 '사회적 이유' 때문입니다. 혹시 〈블랙머니〉라는 영화를 보셨는지요? 이 영화를 보신 분들은 아마도 공분했을 겁니다. 사실은 그 영화의 배경이 된 현장에 바로 제가 있었습니다. 론스타의 외환은행 매각사건이 일어날 당시, 개인인 저 자신이 얼마나 무기력하고 하찮은지 알게 되었습니다. 그래서 언젠가는 그 경험을 학문적으로 한번 정리하고 싶다는 생각이 제 무의식 속에 있었던 것 같습니다. 그 당시 저는 일기장에 이렇게 기록했습니다.

"2004년 2월, 아직 추위가 채 가시지 않은 쌀쌀한 날씨. 새벽 3시 주차장의 천막 안은 적막감이 감돈다. 아무도 자지 않고 숨소리조차 들리지 않는 고요함 속에 휴대폰 문자 메시지가 사방에서 울린다. 그렇게 살 자와 죽을 자는 구분되었다. 차가운 침낭 속에서 내가 살 것인지 죽을 것인지 흐느끼지도 못하며 확인한다. 그리고 산 자와 죽은 자는 어제의 동지에서 이 새벽이 지나면 남남이 된다. 아니 옆 동료가 죽어줘야 내가 사는 처절한 순간이다. 론스타에 맞섰던 길고 긴 투쟁은 그렇게 끝났다."

이런 일이 다시 되풀이되지 않기 위해서는 제가 직접 몸으로 겪었던 그 과정을 복기할 필요가 있었습니다. 그 암울한 기억을 객관적으로 한번 바라보고 싶었고, 진실을 햇볕에 말려 역사에 남기고 싶었습니다. 그리고 그것을 영원히 남길 수 있는 기록물이 바로 학위논문이라고 생각했습니다. 그래서 저는 졸업 논문 「금융규제 수용성의 결정요인과 정책오차에 관한 연구」에서 론스타 매각 문제를 상세히 다뤘습니다. 한마디로 사회에 대한 고발을 제 논문으로 이야기하고 싶었습니다.

Q **박사과정을 하는 동안 중요하게 생각하시는 부분이 있다면 소개해 주세요.**

A 저는 박사과정에 입학할 때부터 한 가지 다짐한 것이 있었습니다. 바로 '가급적 모든 과목을 수강하자'는 것이었습니다. 다양한 과목을 청강하고자 요청드릴 때마다 교수님들께서 너무 좋아하시고 청강도 흔쾌히 허락해주셨습니다. 저는 후배 여러분들에게 코스워크 기간이 조금 길어지더라도 개설된 과목을 찾아다니며 다양한 수업을 듣기를 추천합니다. 어느 분이 본인의 지도교수나 심사위원이 될지 모르기 때문에 관계를 잘 맺어두는 것도 중요하다고 생각합니다.

그리고 어떤 경우에도 지각하거나 결석하지 않겠다는 자세가 필요하다고 생각합니다. 직장을 다니며 대학원 생활을 병행할 때 지각이나 결석에 대해 사유를 대자면 수십, 수백 가지도 모자랄 것입니다. 이런 상황일수록 나와의 굳은 약속이 필요합니다.

박사과정은 학문을 통한 수련뿐 아니라 네트워크를 마련하는 좋은 기회가 됩니다. 저는 이것을 '3교시'라 불렀습니다. 1~2교시는 교수님이 주도하는 정규수업, 3교시는 동기들과 술 한잔하며 토론하고 정보도 교류하는 유익한 시간이었습니다. 박사과정에 오시는 분들은 사회 최고 주류층이며 엘리트인 경우가 많으므로, 서로 교류하고 친분을 쌓으면 많은 도움을 주고받을 수 있습니다. 깊은 관계를 맺으려면 반드시 박사과정 중에 돈독한 관계를 유지하기를 추천합니다. 박사학위를 취득한 다음에는 뿔뿔이 흩어지게 되면서 형식적인 관계로 변하기 쉽기 때문입니다.

Q 학위 취득이 박사님의 삶에 구체적으로 어떤 영향을 주었나요?

A 제가 은행의 본점에 근무할 때였습니다. 본점에 근무하면 다양한 국가기관이나 단체와 협업하는 경우가 많습니다. 재경부, 금융위, 금감원, 경찰청, 국회와 업무 공무나 협업을 할 때, 각 기관에 계신 사람들이 대체로 은행원들을 다소 쉽게 대하는 풍조가 있었습니다. 그런데 제가 명함을 드리고 그 명함에 '박사학위'가 있다는 것을 보시면 대부분은 저를 바라보는 눈이 조금 달라지는 것을 느낄 수 있었습니다.

박사과정에서 연구한 것을 바탕으로 본점에 근무하는 동안 특별법 등의 초안을 작성해 법안 제정 참여, 금감원 및 경찰청 특강, 각종 제도 제안 및 시행에 중추적인 역할을 담당했습니다. 그리고 그 공로로 금융감독원 기관 표창 2회, 개인 표창 1회, 은행연합회장 표창, 경찰청장 표창 등을 수상한 바 있습니다. 특히 언론 인터뷰는 제가 주로 담당했습니다. 가끔 언론사 주관 특강도 맡았는데, 아마도 이는 박사학위가 없었다면 불가능했을 것입니다.

Q 일하면서 박사학위를 준비하는 후배들에게 해주고 싶은 조언이 있다면 어떤 것이 있을까요?

A 박사학위를 받는 순간 좋든 싫든 사회의 지도층이 되며, 오피니언 리더(Opinion leader)가 된다고 말씀드리고 싶습니다. 그 자체만으로도 전문가로 인정받는 것이 사실입니다. 한 교수님의 말씀이 떠오릅니다. 그 교수님은 "박사는 넓게 아는 것이 아니라 송곳처럼 뾰쪽하고 예리하고 정교하게 알아야 한다."라고 하셨습니다. 저는 너무 큰 욕심을 부리지 말고 큰 산에 돌멩이 하나 놓는다는 심정으로 학위를 준비하면 좋겠다고 말씀드리고 싶습니다. 하늘 아래 새로울 것은 없고 이미 우리 앞에 훌륭하신 분들이 다 앞서가셨기 때문입니다. 논문을 쓸 때도 마찬가지입니다. 그들이 이미 쌓아 놓은 높은 산에 돌 하나를 더 얹는 기분으로 논문을 쓰면 좋을 것 같습니다. 박사학위에 도전하시는 분들은 이미 국가, 사회, 가족, 직장으로부터 엄청난 수혜를 받은 사람들입니다. 그 학위가 개인의 영달이 아닌 세상의 참된 도구로 사용되길 바랍니다.

지용승

★ ★ ★ ★ ★

51세,
중앙대학교 행정학 박사(2015년 취득),
現 우석대학교 교양대학 교수

Q 현재 소속과 하시는 일을 간단하게 알려주세요.

A 현재 우석대학교 교양대학 교수로 재직 중이며, 사회적 경제 박사과정의
학생들을 가르치고 있습니다. 동시에 빅데이터 사회정책연구소 소장으로
근무하면서 중앙 및 지방정부, 공공기관 연구 용역을 수행하고 있습니다.

Q 입학하신 학교와 전공을 알려주세요.

A 저는 중앙대학교 일반대학원 행정학 박사과정을 입학해, 복수학위(Dual
degree) 프로그램으로 미국 클리블랜드주립대학교에서 도시행정 박사과정
에서 지역경제개발 전공을 수료하고 귀국했습니다. 최종적으로 중앙대학
교에서 행정학과에서 박사학위를 취득했습니다.

Q   박사과정에 언제 입학하셨고, 언제 졸업하셨나요?

A   2006년에 입학해 2015년에 박사학위를 취득했습니다.

Q   왜 박사를 시작하셨는지요?

A   직장 내에서 경쟁력을 확보하기 위해 박사과정을 시작했습니다. 무한 경쟁 시기에 나만의 경쟁력을 확보해야 한다는 강박이 좀 있었던 것 같습니다. 비교적 늦은 나이에 박사를 시작했지만, 대학교에서 학생들을 가르치고 싶다는 마음이 간절하게 들었습니다. 또한 행정학이라는 전공 분야에 대해 연구하고 싶다는 마음이 점점 강해졌습니다. 나이가 들어서도 학문에 대한 열의를 가지고 죽을 때까지 공부해야 한다는 신념이 박사과정 중에 다져진 것 같습니다.

Q   박사과정을 하시면서 기억나는 에피소드가 있다면 소개해주세요.

A   처음에는 서울대 대학원 입학을 준비하고 있었습니다. 그러던 와중에 논문을 검색하다가 제가 연구하고자 하는 방향과 딱 맞는 논문을 발견했고, 그 논문의 저자가 바로 중앙대학교 공공인재학부 홍준현 교수님이라는 것을 알게 되었습니다. 교수님을 몇 번 찾아뵙고 대화를 나누는 도중에 자연스럽게 박사과정에 대해서 알게 되었습니다. 교수님께서 미국 클리블랜드주립대학교 박사과정에 Dual Degree 프로그램으로 장학금을 지원할 기회도 있으니 한번 준비해보라고 하셨습니다. 저는 이런 조건들이 너무 좋아서 중앙대학교 대학원에 입학해 코스워크를 바로 시작하게 되었습니다.

그래서 코스워크 중에 미국 대학원 입학 절차를 밟아야 했고, 미국 대학원 입학시험인 GRE를 준비해야 했습니다. 이 시험을 위해 3개월간 주중, 주말을 가리지 않고 단기간에 시험 준비를 했습니다. 짧은 기간이지만 고3처럼 집중해 공부한 결과, 비교적 높은 점수를 얻을 수 있었습니다. 점수를 살짝 공개하면 1,430점을 받았는데요, 이 점수는 GRE 강사를 할 수 있을 정도의 상위권 점수입니다. (웃음)

Q 코스워크 중에 입학시험을 준비한다는 것 자체가 참 이례적인 것 같아요.

A 네, 맞습니다. 코스워크 중에 다른 대학원 시험을 준비할 때는 '내가 왜 이렇게 고생을 사서 하나.' 싶었습니다. 그런데 지금 뒤돌아보면, 이 경험이 가장 기억에 남습니다.

Q 그 과정을 조금 구체적으로 말씀해주세요.

A 미국 대학원에 입학하겠다고 마음을 먹고 나니, 준비 기간이 실질적으로 딱 3개월밖에 남지 않은 시점이었습니다. 중앙대학교에서 진행하는 코스워크는 그대로 진행하면서 GRE 준비를 했으니까요. 시험 일자를 역산해서 구체적인 계획을 세우기 시작했습니다. 어학원 부원장이신 가까운 형님을 찾아뵙고는 의논을 드렸습니다. 제 일정에 맞춰 매일 해야 하는 시험 공부와 영어 공부의 분량을 컨설팅받을 수 있었습니다.

그리고 하루도 빼먹지 않고 90일 동안 매일 집중적으로 공부했습니다. 외우고 또 외우고, 문제를 풀고 또 푸는 수밖에 없었습니다. 그런데 한국에서는 시험 날짜가 맞지 않아서, 미국 대학원에 맞게 시험 결과를 제출하려면 일본 오사카에 가서 시험을 치르는 수밖에 없었습니다. 벼랑 끝에 있다는 심정으로 매달렸습니다. 학원에서 매일 영어와 수학 과목을 신청해 고3처럼 공부했던 기억이 있습니다. 지금 공부하라면 아마 그때처럼 하지는 못할 것 같습니다. 어떤 생각으로 그렇게 시험 준비를 했는지 모르겠습니다. 아마도 제 인생의 터닝 포인트를 위해서 마지막 에너지를 다 쏟아야 한다는 절박한 마음 덕분이 아니었을까요?

Q **학위 취득이 박사님의 삶에 어떤 영향을 주었나요?**

A 가장 커다란 영향은 내가 박사학위를 취득했다는 성취감을 얻게 된 것입니다. 학문적으로 하나의 방점을 찍어보았다는 자신감이 생겼습니다. 그리고 박사과정 중에 저 자신을 되돌아보며, 학문에 대한 열정이 식지 않았다는 걸 확인하고 안도감을 느꼈습니다. 또한 사회에서 '박사'라는 타이틀이 주는 안정감도 분명히 있다는 것도 말씀드리고 싶습니다. 혹시나 삶의 긴장이 흐트러질 때, '나는 박사인데'라는 생각을 하면 어떤 일을 하더라도 그 타이틀에 맞게 행동하게 되는 것 같습니다. 무엇보다 사회 현상에 대한 이해와 분석의 폭이 넓어지고 깊어졌다는 생각이 듭니다. 박사과정에서 배운 것들이 사회에 쓰이는 모습을 보면서, 사회적인 현상 이면의 일들에 대해서 더 깊게 생각하는 버릇이 생긴 것 같습니다. 현재 교수직에 몸담으며 학문적으로 사회에 기여할 수 있다는 자부심을 갖게 된 것도 빼놓을 수 없습니다.

Q **일하면서 박사학위를 준비하는 후배들에게 해줄 조언이 있다면 어떤 것들이 있을까요?**

A 먼저 후배 여러분들께 이렇게 말씀드리고 싶습니다. '지금 현재가 박사과정을 시작하기에 가장 빠른 시기'라고요. 그리고 '학문은 죽을 때까지 쌓아야 하는 탑과 같다'는 말씀도 드리고 싶습니다. 현장의 경험과 이론을 결합하면 보다 더 깊고 넓은 사회 변화를 추구할 수 있습니다. 또한 박사학위를 취득하시면, 그것 자체가 하나의 동기가 되어 또 다른 열정으로 업그레이드 될 수 있습니다. 학위 취득 그 자체만으로 모든 걸 얻을 순 없지만, 모든 걸 시작할 수 있다는 자신감을 불어넣어준다는 점은 분명히 말씀드리고 싶습니다.

4장 아무도 알려주지 않는

대학원 생활 노하우

코스워크는
빨리 끝낼수록 좋다

박사과정은 현실이다

대학 신입생 시절을 떠올리면서 박사과정을 시작했다면 마음가짐을 달리하기 바란다. 캠퍼스의 낭만은 더 이상 없다. 직장을 마치자마자 학교로 이동해야 하고, 캠퍼스를 만끽할 여유도 없이 곧바로 강의실로 직행해야 한다. 게다가 조금이라도 늦으면 땀을 뻘뻘 흘리고 이곳저곳 눈치를 보면서 자리에 앉아야 한다. 그야말로 전쟁이다. 저녁식사도 하지 못한 채 강의실에 앉아 있다 보면, 어느새 눈꺼풀이 무거워진다. 뒷목이 뻐근해지고 강의 칠판은 흐릿해진다. 자리에서 졸다가 헤드뱅잉이라도 하면 이런 생각이 든다.

'아…. 내가 무슨 부귀영화를 누리겠다고 이런 짓을 하고 있지?'

이런 일들을 적어도 4학기 이상 계속해야 한다. 입학하고 박사과정에서 요구하는 최소한의 수업을 듣는 데만도 대략 4학기가 필요하다. 보통 1학기에 3과목 이상을 수강해야 하기 때문에 직장을 다니면서 이수하기에 결코 만만한 분량은 아니다. 본격적으로 수업이 시작되고 약 2달 정도 지나면 중간고사를 치르고, 또 2달 정도 지나면 바로 기말고사 기간이 돌아온다. 시간이 무척 빨리 지나간다고 느끼게 될 것이다.

코스워크 기간 단축하기

박사과정은 다음 표와 같이 코스워크, 박사종합시험, 연구계획서 발표 그리고 논문학기와 논문 심사 기간으로 나눌 수 있다. 코스워크와 박사종합시험 기간을 전반기, 연구계획서 발표에서부터 본격적인 논문을 쓰는 논문학기와 논문 심사 기간을 후반기로 나누어볼 수 있다.

박사과정의 일정

코스워크	종합시험	연구계획서 발표	논문학기	논문 심사

전반기	후반기

표에서 볼 수 있듯이 코스워크는 박사종합시험을 거쳐 마무리된다. 고등학교와 대학교 수업의 가장 큰 차이점은 본인이 원하는 수업을 선택할 수 있다는 데 있다. 선택의 차이만 있을 뿐, 실은 교수님의 일방적인 강의를 들으며 따라가기만 하면 된다는 측면에서는 마찬가지다. 하지만 박사과정은 주어진 코스만 잘 따라간다고 해서 졸업할 수 있는 것이 아니다. 즉 자기주도적으로 공부하고자 하는 노력 없이는 졸업을 못 하게 될 수도 있다.

보통 코스워크는 풀타임의 경우 약 2년, 그리고 직장을 다니며 파트타임으로 공부하는 경우에는 대략 3년 만에 수료하게 된다. 그런데 이 기간을 최대한 짧게 만드는 것이 중요하다. 혹시나 박사종합시험에 한 번에 합격하지 못하기라도 하면, 한 학기가 고스란히 날아갈 수도 있기 때문이다. 박사종합시험을 준비하는 한 학기 동안 논문을 쓰면 되지 않느냐고 생각할 수도 있지만, 사실 그렇게 마음을 다잡기가 쉽지 않다.

박사종합시험은 가급적 코스워크와 바로 연이어서 보는 것이 유리하다. 아무래도 최근까지 수업을 들었다면 출제 유형이나 교수님이 선호하는 답안 작성법 등을 흡수할 수 있기 때문이다. 한 가지 팁을 드리자면, 가능하면 박사종합시험을 치르기 몇 달 전부터 지도교수님께 몇 번이고 강조해서 언질을 드리는 것도 하나의 방법이다. 어떤 과목의 시험을 치르는지, 그 과목의 교수님이 누구인지 명확하게 알려드리는 것도 팁이다. 최대한 많은 것을 알리고, 적극적으로 정보를 수용하는 태도가 필요하다. 궁금한 것이 있다면 적극적으로 질문하고 자신이 종합시험 공부를 하고 있음을 만천하에 알려라. 스터디 그룹에 가입하는 것은 물론이고, 조교들에게도 자신이 종합시험 예정자라는 것을 미리 알리자. 우는 사람에게 떡 하나 더 주는 법이다.

필자의 경우에는 코스워크 중간에 휴학을 했고, 회사가 어려워지고 회생하기를 반복하다 보니 약 10년의 세월이 흘렀다. 10년 정도 지난 뒤에 박사종합시험을 치르려고 했더니 코스워크 때 수강했던 시험 과목도 없어지고, 해당 교과목을 담당하셨던 교수님들도 더 이상 학교에 계시질 않아서 여러모로 고생이 많았다. 결국 교수님께 연락해 다시 찾아뵙기도 하고, 조교들을 만나서 관련 정보를 물어보기도 했으나, 이미 많은 시간이 흐른 뒤라 독학한다는 기분으로 교과서를 가지고 처음부터 공부해야 했다. 힘들게 공부했으나 시험 유형이 생각했던 것과 완전히 다른 방향으로 나와서 눈물을 쏟으며 답안지를 작성했던 기억이 난다. 아무리 바쁜 일이 있어도 절대로 코스워크를 하는 중간에는 휴학을 하지 말고, 박사종합시험까지 끝내도록 하자.

박사종합시험을 끝내면 이제 박사과정의 70% 정도는 마쳤다고 보면 된다. 그리고 이제 '박사 수료자' 타이틀도 거머쥐게 된다. 물론 박사를 졸업하지 못하고, 수료로 남은 사람들의 90%는 연구계획서 발표의 벽을 넘지 못한 경우다. 논문으로 가는 벽이 높고 험하지만 한번 넘기 시작하면 쉽게 넘을 수 있다. 박사과정의 후반기는 전반기에 비해서 '자기주도학습'을 필요로 하고, 이때 비로소 논문에 집중하는 법, 시간을 아껴서 사용하는 법, 효과적으로 교수님과 소통하는 법, 그리고 여러 가지 의견을 하나로 종합하는 능력 등을 키우게 된다. 주제를 선정하고, 주제에 따른 문헌을 조사하고, 연구 방법론을 설계하고, 오차 없이 실행하고, 분석하고, 결론을 내고, 한계점을 분석하기까지의 전 과정을 직접 해내는 것이 논문 쓰기의 과정이다. 한 명의 연구자로, 또 한 분야의 전문가로 거듭나기 위해서는 혹독한 논문학기를 거쳐야 한다. 박사과정의 후반기에 이러한 논문 작업이 진행되므로 아무래도 시간이 많이 소요될 수밖에 없다. 그러므로 시간과 노력을 최대로 아끼고자 한다면 되도록 빨리 코스워크를 끝내는 것이 좋다.

효과적으로 수업에
참여하는 법

필자는 코스워크 기간에 매번 회사에 연차나 반차를 내고 수업을 들었다. 발표할 것이 있거나 아니면 중간·기말고사가 있을 때는 준비할 것들이 많아서 연차를 냈고, 수업을 듣는 날에는 반차를 내고 조금 일찍 강의실에 도착해서 예습을 하거나 복습을 했다. 그래도 여의치 않은 날들이 대부분이었다. 그리고 반차를 내고 나서는 학교로 출발하기 전까지 회사에서 눈치를 봐야 했다.

대학원 수업을 참여하는 데 있어서 가장 중요한 것은 바로 '참여' 그 자체다. 지각을 해도 좋다. 수업 시간에 졸아도 좋다. 수업 시간에 교수님께서 도대체 무슨 말씀을 하시는지 몰라도 좋다. 그저 엉덩이를 붙이고 그 자리에 앉아 있는 것이 중요하다. 졸릴 때는 교과서 옆에 낙서를 해도 좋다. 모르는 단어가 튀어나오면 휴대폰으로 검색도 하고, 노트북을 이용해 이해하기 어려운 내용을 메모해둬도 좋다. 다시 한번 말하지만 중요한 것은 그 수업 시간에 자리에 붙어 있는 것이다.

휴가 제도를 최대한 활용하라

필자가 졸업한 국제학대학원의 수업은 모두 주간에 개설되어 있었다. 그래서 학기 중에 수업을 듣는 것이 사실상 힘들었다. 수업은 대부분 하루에 몰아서 들어야만 했고, 듣고 싶었던 과목들의 시간이 맞지 않으면 어쩔 수 없이 다음 학기로 미뤄야 했다. 몇 과목을 타 대학원에서 개설한 토요일 수업으로 보충하기도 했지만, 모든 학점을 채우기엔 턱없이 모자랐다. 풀타임으로 근무를 하면서 주간에 수업을 듣다 보니 한 학기에 많은 과목을 들을 수 없었다. 한 집안의 가장으로서 회사를 그만두고 풀타임 학생으로 학교에 다닐 수도 없는 노릇이었다.

어쩔 수 없이 회사의 휴가 제도를 100% 활용해 시간표를 꾸려나갔다. 연차와 반차 그리고 대체휴무 제도를 최대한 이용했다. 더군다나 필자가 일했던 마케팅 부서는 주말에 일하는 경우가 많아 어떤 때는 20일 이상 주중에 대체휴무를 사용할 수 있기도 했다. 덕분에 대체휴무를 활용해 주중에 열리는 수업을 들을 수 있었다. 한 학기는 16주이지만 중간고사와 기말고사를 제외하면 대략 14주였다.

연차를 사용할 수 있는 날은 15일이었고 근속연수가 3년이 지나자 18일로 늘어났다. 나머지는 주말에 근무한 것을 주중에 쉬는 것으로 돌려 수업일수를 맞출 수 있었다. 연차를 내고 하루 종일 수업을 들으면 3과목까지 수강할 수 있다. 오전에 한 과목, 오후에 한 과목 그리고 야간 수업을 하나 들으면 하루에 3과목 수강이 가능하고, 혹시나 4과목을 들으려면 야간 1교시나 2교시 수업을 다른 날에 수강하면 된다. 야간 수업은 굳이 반차나 연차를 내지 않고도 수강이 가능하므로 일주일에 하루만 연차를 내도 4과목까지 수강할 수 있다는 뜻이다.

절대로 결석은 금물

직장과 박사과정 그리고 가정까지 함께 꾸려나가다 보면, 주중에는 물론이고 때로는 주말에도 공부를 하지 못하는 경우가 있다. 주말에 몰아서 공부하겠다는 다짐은 물거품이 되고 어느덧 하루하루가 버거운 날들의 연속이 된다. 게다가 주중에 한 번 회사에서 회식이라도 하면 수업을 따라가는 것조차 어려운 날들이 많을 것이다. 그렇지 않아도 예습, 복습을 하기 힘든 상황에서 수업을 한 번이라도 빼먹으면 그 공백은 더 이상 채울 수 없다. 실력은 둘째 문제다. 혹여 수업을 따라가지 못하더라도 절대로 수업 시간은 빼먹지 말자. 수업을 따라가지 못해서 얼굴이 빨개지는 '바보'가 되는 한이 있더라도 수업에 빠지는 것보다 백번 낫다. 뭐, 바보가 되면 좀 어떤가? 어차피 모르는 걸 배우려고 학교에 다니는 것인데. 괜찮다. 어차피 당신은 교수가 아니다. 모르는 것도 학생의 특권이다. 그러니 차라리 수업에 참석한 바보가 결석한 천재보다 낫다.

효과적으로 본인을 드러내라

수업 시간에 진행되는 모든 내용을 100% 이해하기는 쉽지 않다. 더군다나 직장과 병행하면서 관심도 없지만 어쩔 수 없이 수강해야 하는 전공 필수 과목들은 어떻게 해야 할까? 수업에 효과적으로 참여할 수 있는 방법이 있다. 바로 본인이 발표를 맡은 팀 발표나 개인 발표처럼 주목을 받게 되는 시간에 그 학기에 쓸 수 있는 에너지의 50% 이상을 쏟는 것이다.

여기서 중요한 것은 자신이 '주목받는 시간에' 집중적으로 에너지를 쏟아야 한다는 것이다. 기껏해야 한 학기에 1번이나 2번 정도 있는 발표 시간에 에너지를 최대한 사용해서 효과적으로 본인의 존재감을 증명하도록 하자. 그러기 위해서는 되도록 학기 초반에 발표를 하는 것도 유리하다. 해외 논문을 읽고 발표해야 하는 경우라면 본인이 맡은 논문뿐 아니라 그와 유사한 논문도 찾아서 교수님과 다른 학생들과 돌려보자. 케이스 발표를 하는 경우라면 회사에서 익힌 온갖 화려한 PPT 기술을 100% 활용하는 것도 좋다. 혼자 하기 버거우면 다른 사람에게 적극적으로 도움을 요청해서라도 한 학기에 한두 번 있는 이 기회를 꼭 잡아야 한다. 학기 초반에 수업 내에서 기선을 잡고 교수의 눈에 들면, 그 이후에는 수업을 조금 못 따라간다 하더라도 큰 탈 없이 한 학기를 잘 보낼 수도 있다. 이처럼 직장과 박사과정을 병행하기 위해선 절대적으로 선택과 집중이 필요하다.

중간고사와 기말고사는 꼭 치러라

수업도 몇 번 들은 것 같지 않은데, 정신을 차려보면 어느새 중간고사가 코앞에 있다. 그럼 이제 슬슬 결정을 해야 한다. 직장 일로 수업에 많이 빠졌거나 진도를 제대로 따라가지 못한 사람이라면 '이번 중간고사를 그냥 패스하고 다음 학기에 들어버릴까? 다음 학기에 수강하면 더 잘할 수 있을 텐데.' 하는 생각이 들 수도 있다. 이미 눈치 챘겠지만, 정답은 무조건 직진이다. 어떠한 일이 있어도 중간·기말고사는 무조건 치러야 한다. 설사 백지를 내거나 아니면 답안지에 편지를 써내는 한이 있어도 무조건 시험을 치러야 한다.

필자에게도 시험과 관련해 생각나는 에피소드가 하나 있다. 중간고사를 앞두고 갑자기 미국 출장이 잡혔고, 회사에서는 계약서에 도장을 찍기 전에는 귀국하지 말라며 막무가내로 억지를 부렸다. 결국 언제 돌아올지 모르는 상황에서 비행기표를 편도로 끊어 출국을 했고, 중간고사는 일주일 앞으로 다가왔다. 다짜고짜 찾아간 열정 덕인지 다행히 계약서에 도장을 찍을 수 있었고, 시험을 위해 귀국을 서둘렀다. 그런데 이게 웬걸. LA에서 갈아타는 비행기가 연착되는 바람에 시험 바로 당일에 인천공항에 도착하게 된 것이다. 어쩔 수 없이 공항에 내리자마자 모든 짐을 들고 강의실로 직진했다.

가까스로 강의실에 도착해 시험지를 받았는데, 아는 문제가 정말이지 하나도 없었다. '이렇게 늦게 귀국할 줄 알았으면 출장 갈 때 교과서라도 들고 갈걸.' 하는 후회가 일었다. 모르는 문제를 앞두고 어떻게 답안지를 써내려가야 할지 막막했다. 그리고 채점 후 받아들게 될 답안지를 상상하니 그저 한숨만 나왔다. 그래도 마음을 다잡고 수업 시간에 들었던 내용을 떠올려보기 시작했다. 그리고 평생 처음 해보는 일을 벌였다. 답안지에 교수님께 보내는 편지를 쓴 것이다. "Dear professor"라고 시작하는 편지를 다 써내려갈 무렵 서러운 마음에 눈물이 쏟아졌다. '내가 이렇게까지 해야 하나….' 싶은 생각이 들어서다. 그렇게 해서 중간고사에서 평생 처음 받아보는 낮은 점수를 확인했다. 기말고사에 좀 더 열심히 공부해서 결국에는 C⁺를 받았다.

하지만 나는 성적표에 새겨진 이 성적을 자랑스럽게 여긴다. 끝까지 포기하지 않고, 절대 물러서지 않고 얻어낸 자랑스러운 성적이므로. 이 과목을 지도해주신 교수님을 훗날 필자의 논문심사위원으로 모시게 되었다. 논문 공개심사가 다 끝나고 이 사실을 교수님께 이 말씀드렸더니 교수님께서는 웃으시며 솔직히 그 답안지가 잘 기억나지 않는다고 하셨다.

나는 그 자랑스러운 성적표를 늘 마음에 새기고 있다. 그것은 비행기가 착륙하면서부터 짐을 찾고 버스로 이동하는 그 순간까지 마음 졸이면서 치렀던 그 아찔했던 중간고사에 대한 훈장이라고 생각한다. 무슨 일이 있어도 시험을 포기하지 않았다는 것에 대한 나의 자랑이다. 그러니 여러분도 중간고사와 기말고사를 피하지 말고 꼭 치르기를 바란다. 그저 시험장을 향해 직진하자!

학점은 그다지 중요하지 않다

한 가지 비밀을 알려드리자면, 사실 박사과정에서 학점은 중요하지 않다. 단지 박사졸업시험을 통과하기 위한 최소한의 기준만 넘는다면 상관없다. 그래서 미국 대학의 경우에는 박사과정에서 학점 대신 Pass/Fail로 처리하는 학교들도 많다. 물론 학점이 좋아서 나쁠 건 없지만, 코스워크에 사용하는 에너지를 전략적으로 논문에 쏟아붓는 것이 훨씬 효과적이다.

한 학기에 대부분 3과목 정도를 이수하지만, 3과목 전부 다 A⁺를 받았다고 해서 그것이 박사과정 졸업에 영향을 주지는 않는다. 졸업에 필요한 최소한의 지적 토대를 마련하는 것이 바로 코스워크의 목적이므로, 좋은 성적을 받는 것보다는 오히려 본인의 전문 분야에 해당하는 과목들을 수강하는 것이 중요하다. 이것이 중요한 이유는 한 과목을 이수하면 이미 교수님들께서 선별해둔 다양한 논문을 접하게 되고, 그런 논문들이 결국에는 학위논문을 쓰는 데 도움이 되기 때문이다.

과목을 이수할 때 좋은 점수를 받기 위해 시험을 위한 공부를 하다 보면, 정작 논문을 쓸 때 알아야 할 커다란 방향을 잃게 되기 쉽다. 따라서 점수에 연연하지 말고 그 과목을 통해 만나게 된 교수님과의 관계에 더 신경을 쓰고, 수업을 함께하는 학생들과 학업 이후의 문제들에 대해서 더 심도 깊은 대화를 나눠보도록 하자. 학점에 대한 부담을 덜면 당연히 컨닝이나 부정행위 등을 할 이유도 사라지게 된다. 중간고사는 한 학기 동안 무엇을 배웠는지 정리하는 기간으로 삼으면 될 것이고, 기말고사는 이제껏 배운 것을 총정리하는 단계라고 생각하면 된다. 기말과제는 수업 시간에 배운 것을 응용하는 장이라 여기고 본인의 실력을 업그레이드하는 지지대로 삼자.

실제로 도움이 되는 수업을 들어라

웬만하면 코스워크 중에는 박사과정 이후에도 실질적으로 도움이 되는 수업을 들을 것을 추천한다. 현대는 4차 산업혁명의 시대다. 대학에서 들을 수 있는 다양한 수업을 최대한 활용해야 한다. 인문사회를 전공하신 분들도 공대에서 Python(파이썬)이나 MATLAB(매트랩)을 배울 수 있고, 통계와 관련해서는 SPSS나 AMOS는 물론이고, R을 배울 수도 있다. 사회에 나와서 혼자서 독학하기에 어려운 수업들을 학교에서는 반 강제로 마음껏 들을 수 있다.

　인터뷰이 중 행정학 박사학위를 취득하신 김효기 박사님께서는 은행에서 근무하셨기 때문에 금융상품이나 국제금융, 보험론과 같은 금융 및 재무 관련 수업들을 청강하셨다고 한다. 실제로 코스워크에서 다양한 수업을 들었던 덕택에 현업에 많은 도움을 받으셨고, 후배들의 질문에 답변을 해줄 수도 있었다고 하셨다.

필자는 코스워크를 이수할 때 이런 부분을 전략적으로 계획하지 못한 게 다소 아쉬웠다. 하지만 보건학과에서 수강한 '병원의 질 관리 수업' 등은 제약 회사에서 일하는 데 큰 도움이 되었다. 이 수업에서 배운 간단한 이론이나 정보 등을 활용해서 병원 영업을 할 때 일종의 '컨설턴트'로서 활약할 수 있었다. 또한 방학 기간에 선택적으로 수강했던 고급통계 과목도 실무에 도움이 많이 되었다. 특히 사회에 나오면 비교적 비싼 수업료를 내야 하는 과목들을 선택해 들을 것을 추천한다. 앞서 말한 통계 과목은 물론, 딥러닝 과정이나 AI 관련 수업들은 학교 내에서 수강하기를 적극 추천한다.

최근에는 많은 대학원들이 타 대학이나 타 과, 혹은 교환학생으로 이수한 학점을 어느 정도 인정해주기도 한다. 필자가 나온 연세대학교 국제학대학원의 경우 타 대학원에서 수강하거나 이전할 수 있는 교환학점은 매 학기당 6학점 이내, 졸업 시까지 총 15학점 이내에서 인정해주고, 교환학생으로 취득한 학점도 이 범위 내에서 인정한다. 그러니 사전에 교학팀과 긴밀히 이야기를 나눈 후 이런 제도도 이용해보는 것도 하나의 전략이다.

3교시로 네트워크를
만드는 노하우

3교시를 활용하라

직장을 다니면서 학위를 준비하는 사람들은 대부분 야간에 수업을 듣는다. 박사과정 인원을 많이 뽑는 과의 경우 많은 사람들이 함께 수업을 이수하게 된다. 보통 일주일에 1~2일 정도 수업을 듣게 되는데, 이때 가급적 많은 사람들이 함께 듣는 수업을 선택하는 걸 추천한다. 아무래도 동기나 선후배들과 함께 수업을 듣다 보면 알게 모르게 많은 도움을 받게 된다. 중간고사나 기말고사의 기출문제는 물론이고, 출제 경향 등에 대해서도 자연스럽게 알게 된다. 이미 졸업한 선배들을 만날 기회도 많이 생기며, 여러 교수님들의 성향에 대해서도 직간접적으로 많이 알게 된다.

야간에는 대부분 2교시까지 수업을 진행한다. 많은 인원이 함께 하다 보면 2교시 수업을 마치고 자연스럽게 뒤풀이를 가게 되는데, 이것을 보통 '3교시'라고 한다. 즉 3교시란 비공식적인 모임이다. 이 모임에서는 학생들만 모이기도 하지만, 가끔씩은 교수님도 함께 참석하시기도 한다. 우리나라에서는 이런 모임들이 굉장히 중요하다. 비공식적인 모임에서 얻게 되는 부가적인 정보의 양이 상당히 많기 때문이다.

이런 자리를 통해 사회에서 만나기 어려운 의외의 인맥도 얻게 된다. 사회생활을 하다 보면 자연스럽게 인맥의 폭이 좁아진다. 아무래도 직장을 중심으로 인맥이 형성되기 때문에 특별한 노력을 하지 않고는 새로운 분야에 속한 사람을 만나기가 어렵다. 하지만 학교에서 맺게 되는 인맥은 성격이 조금 다르다. 학위를 중심으로 다양한 경험을 지닌 지원자들이 모이게 되므로 사회에서는 교류하기 힘든 분야의 사람들과 관계를 맺을 수 있다. 또한 '학문'을 중심으로 모였기 때문에 소위 엘리트라고 불리는 사람들과 만나 대화하며 폭넓은 세계를 접할 수도 있다.

이런 인맥들과 3교시를 통해 관계를 만들어가자. 술을 마셔도 좋고 아니면 가볍게 차를 마셔도 좋다. 저녁식사가 힘들면 점심이라도, 아니면 커피 한잔을 위해서라도 찾아가라. 지금 당장 공부에 도움이 되는 것 같지 않더라도 네트워크를 위해 힘써라. 지속적인 관계를 맺다 보면 언제 어디서 다시 만나게 될지 모르고, 예상하지 못한 시기에 기적처럼 도움을 받을 수도 있다.

지도교수님을 활용하라

지도교수님은 '보석' 같은 존재다. 보석은 누군가에 의해서 발굴되고, 세공되고, 사용되지 않으면 아무런 쓸모가 없다. 지도교수님은 이런 측면에서 바로 보석과도 같다고 할 수 있다. 지도교수님이 있다고 해도 찾아가 의견을 듣거나, 논문 지도를 받거나, 학위를 위한 다양한 문제들을 논의하지 않는다면 본인에게 하등 소용이 없는 존재가 되고 만다.

코스워크 기간 동안 지도교수님의 수업은 모조리 들어두는 것이 좋다. 그 이유는 일단 수업을 들으면 아무래도 친해질 기회가 많아지기 때문이다. 혹시나 야간 2교시 수업을 하는 경우에도 자연스럽게 3교시로 넘어가 이런저런 이야기를 할 기회가 많아진다. 이때 코스워크와는 별도로 논문에 관한 이야기를 나누면 어떨까? 5장에서 다루는 내용 중 '공부한 흔적 어필하는 법' 부분을 참고하면 도움이 될 것이다.

혹시나 코스워크 중에 지도교수님 수업을 듣지 않는 경우라면 적어도 한 달에 한 번 정도는 정기적으로 교수님과 만나 그동안 논문 리서치를 어느 정도 했는지 알려드려야 한다. 본인이 꼭 쓰고자 하는 주제가 있다면, 그 주제에 대한 최근의 논문 경향이 어떤지 살펴보면서 교수님과 이야기를 나누는 것도 중요하다.

반면에 특별히 생각해둔 주제가 없다면 지도교수님께 전적으로 의지하는 것이 좋다. 교수님께서 읽어오라는 논문을 모조리 찾아 읽은 후 이를 정리해서 한 달에 한 번 정도 의견을 나누는 것도 좋다.

논문을 통독하고 본인이 공부한 내용을 정기적으로 어필하는 것도 필요하다. 논문 읽는 법은 5장에서 다루고 있으니 반드시 숙지하기 바란다.

주변 사람들을 활용하라

박사과정 역시 하나의 사회생활이다. 박사과정은 고입이나 대입과는 다르다. 박사과정에 입학하고 나서 졸업을 하지 않고 수료만 한다고 해서 비난받을 일도 없다. 하면 좋지만 못 해도 남들이 크게 개의치 않는다. 그렇기에 철저한 목적의식이 지속적으로 필요하다. 이를 수행하기 위해서는 혼자만의 힘으로는 힘들다. 주변 사람들의 도움을 많이 받고, 끊임없이 동기부여도 해야 한다.

우선 선후배를 최대한 활용하라고 말하고 싶다. 가깝게는 수업을 같이 듣는 후배나 동기들에서부터 한 학기 선배, 1년 선배들과 가깝게 지내는 것을 추천한다. 그들과 사회적인 인맥도 형성할 수 있고 졸업을 위한 팁도 얻을 수 있다. 개인적으로 친해지면 본인만 아는 노하우를 몰래 전수받을 수도 있다.

이때 한 가지 주의해야 할 부분은 가능하면 선배와 후배를 구분해서 그룹별로 다르게 접근해야 한다는 것이다. 즉 박사를 이미 취득한 선배들, 같은 과에 풀타임으로 수강하고 있는 후배들, 그리고 수업을 함께 듣는 동기 모임의 단체 채팅방을 각각 따로 만들어서 관리하는 것을 추천한다. 각각의 단체 채팅방에서 구성원들끼리만 나눌 수 있는 진솔한 이야기를 나누다 보면 의외의 정보들을 수집할 수 있을 것이다.

조교들을 활용하라

직장을 다니면서 특히 친해져야 하는 부류는 풀타임 조교들이다. 앞서 지도교수님을 '보석'에 빗대었다면 풀타임 조교들은 '보석 상자'다. 그들에게는 특별한 공을 들여야 한다. 그들은 풀타임으로 공부를 하고, 공부를 통해 먹고살고자 하는 사람들이다. 그러다 보니 같은 박사과정을 하더라도 실력면에서 월등하게 뛰어날 수밖에 없다. 더군다나 한 교수님의 연구실에 소속된 조교들이라면 아무래도 교수님의 정보를 가장 많이 알게 된다.

그래서 조교들과 좋은 관계를 맺어두면 코스워크 기간 동안 중간·기말고사 유형을 파악하는 것부터 기본적인 통계나 과제물에 대해서도 조금이나마 도움을 받을 수 있다. 보석 상자는 소중하게 여기고 잘 다루어야 한다. 가능하면 밥도 사주고 생일에는 간단한 선물이라도 챙기면서 그들의 마음을 얻으면, 분명히 후에 많은 도움을 받을 수 있을 것이다.

또한 중요하게 신경을 써야 할 그룹은 이미 그 학과에서 박사를 취득한 선배들이다. 그들에게 박사학위 취득에 관한 노하우를 가능한 한 많이 들어라. 그들도 사람인지라 선배 대우를 깍듯하게 해주며 다가오는 후배에게 호의적일 수밖에 없다. 그들에게 교수님의 성향과 박사논문 심사 당시의 상황들을 물어 미리 학습해놓자. 또한 이들에게 교수님들마다 어떠한 성향을 지니고 있는지 물어보고, 논문심사위원회를 구성할 때 이에 맞춰서 내 논문을 심사해줄 교수님들을 물색하는 것도 좋은 방법이다. 코스워크 기간에는 시간을 내어 선배들을 만나는 것이 힘들 수 있으므로 방학을 이용해서 적극적으로 의견을 구하는 것이 좋다.

박사종합시험의
필승 노하우

코스워크를 마칠 때쯤 몇 가지 치러야 하는 시험이 있다. 박사종합시험과 이를 치르기 위한 준비로 외국어 시험을 요구하기도 한다. 박사종합시험은 코스워크를 제대로 마쳤는지 확인하는 시험으로, 논문을 쓰기 전에 치르게 되는 거의 마지막 시험이다(많은 사람들이 인생의 마지막 시험이라고들 한다.). 학교마다 차이는 있으나 보통 4과목에서 6과목까지 치르고, 어느 과목을 치르게 될지는 대부분 학생들에게 선택권이 주어진다. 이 책을 읽고 있는 독자들은 아마도 시간을 쪼개고 또 쪼개 써도 모자랄 직장인들이므로, 가장 효율적으로 박사종합시험을 치르는 방법과 노하우를 알려주도록 하겠다.

박사종합시험은 사회생활 시험

박사종합시험의 통과 여부는 사실 '실력'보다는 '사회생활'에 달려 있다고 볼 수 있다. 해당 과목의 시험을 치르기 위해서는 한 번이라도 교수를 찾아가 면대면으로 이야기를 나누는 것은 필수다. 어떤 문제가 나오는지 물어볼 수는 없지만, 그래도 시험에 관한 어떠한 정보라도 얻을 수 있다. 면담을 할 때는 본인이 처한 상황이나 어떠한 주제로 논문을 쓸 것인가에 대해서 간단하게 언급하는 것도 좋다. 혹시나 시험 이후에 쓰게 될 논문에 관해서 도움을 줄 수도 있을 것이고, 아니면 후에 논문심사위원으로 위촉 의뢰를 드릴 수도 있다.

수단과 방법을 가리지 말고 최대한 소통하는 자세를 가지고 임해야 한다. 쉴 새 없이 질문하라. 질문이 많다는 것은 일단 적극적이라는 인상을 준다. 교수님께 면담 시 시험 범위 내에서 특정 부분의 중요성에 대해 물어볼 수도 있다. 교수님께서 중요한 부분이라고 강조하는 부분은 따로 정리해두면 좋다. 어차피 밑져야 본전이다. 적극적으로 질문해놓고 보라. 무슨 일이 일어날지는 아무도 모른다.

다음으로 해야 할 것은 해당 과목 교수님들의 조교들에게 연락해 박사종합시험과 관련된 최대한 많은 정보를 얻는 일이다. 출제 경향은 어떤지, 혹시나 과락을 해서 떨어진 선례는 없는지, 이번에 같이 시험을 치르는 사람들은 누구인지 등등 작지만 알찬 정보들을 최대한 많이 모으는 것도 시험 준비 과정에 포함된다.

박사종합시험에서 낙제한다면?

박사종합시험을 통과하지 못하는 경우도 종종 있다. 박사종합시험은 코스워크에서 수강한 과목을 환기하는 의미이므로 코스워크를 마치고 바로 시험을 치를 경우에는 사실 큰 문제가 없다. 다만 필자처럼 코스워크를 마치고 공백이 길어지면 치르고자 하는 과목이 폐강되는 등 시험에 대한 정보를 얻을 길이 없어지는 경우도 있다. 나름대로 열심히 준비해서 최대한 정성스럽게 답안지를 제출했으나, 결과는 과락이었다.

과락 소식을 전해 듣자 별 생각이 다 들었다. '이거 박사를 그만두라는 교수님의 의견인가?'라는 생각에서부터 '내가 지금 무슨 짓을 하고 있지?'라는 자기 한탄의 목소리까지. 그런데 내면을 가만히 들여다보니 가장 두려워하고 있는 것이 무엇인지 그 실체를 찾을 수 있었다. 그것은 바로 '어떻게 이 쪽팔림을 감수하지?'였다. 두려움의 실체를 찾자 그것을 이겨낼 방법이 바로 떠올랐다. 나의 과락 소식을 어느 누구에게도 말하지 않는 것이다. 자기방어였다. 어쩔 수 없었다. 그 길로 바로 교수님께 면담을 신청했다. 교수님을 만나 "교수님. 열심히 공부해서 꼭 다음 학기에는 패스하도록 하겠습니다!"라고 말하며 넙죽 절을 했다.

시험을 치렀던 경험을 토대로 한 학기 동안 다양한 방식으로 준비했다. 그 학기, 재시험을 준비하면서 많은 생각을 했다. 내가 무엇을 위해서 박사과정에 도전하는 것인지, 여기서 정말 그만둘 것인지, 그리고 앞으로 인생은 어떻게 살아야 하는지 등. 결국 나는 그 과목의 재시험을 준비하는 과정에서 후에 논문의 주요 기틀이 될 많은 정보를 얻었고, 결정적인 도움을 주셨던 여러 교수님들도 만날 수 있었다. 박사종합시험에서 낙제되었거나 혹은 낙제될까 두려워하는 분이 있다면 이렇게 말씀드리고 싶다. '박사종합시험에 떨어져도 실력이 없는 것은 아니다'라고.

외국어 시험 준비 노하우

혹시나 외국어 시험을 준비해야 하는 경우에는 되도록 코스워크를 시작하면서부터 준비하는 것을 추천한다. 어차피 치러야 할 시험이라면 먼저 패스해놓는 것이 아무래도 다른 것들을 준비하는 데 도움이 된다.

외국어는 교내 시험이나 외부 공인 시험 중 일정 수준 이상을 요구하는데, 가능하면 두 가지 다 고려해보면 좋다. 일부 교내 시험은 출제 방식이나 난이도를 미리 파악하기에 용이하다는 장점이 있지만, 보통 시험을 한 학기에 한 번 정도만 응시할 수 있어 과락에 대한 부담이 크다는 단점이 있다. 혹시나 재시험을 보게 되면 다음 학기로 넘어가야 하기 때문이다. 반면에 중국어 HSK나 일본어 JPT/JLPT, 프랑스어 DELF-DALF, 스페인어 DELE와 같은 외부 시험은 보통 한두 달 간격으로 응시할 수 있고, 시중에 시험과 관련된 정보가 많아 학습 요령을 익히기에 용이하다는 장점이 있다.

필자는 중국어 시험을 치렀는데 교내 시험에서 한 번 과락을 했고, 두 번째 시험을 신청했으나 해외 출장 기간과 겹치는 바람에 시험을 치를 수 없었다. 그래서 박사종합시험을 치르기 바로 직전에 두 달 동안 HSK 시험을 준비했다. HSK 시험을 준비하며 '도대체 이 시험이 내 논문과 무슨 상관이 있지?' 혹은 '중국어가 내 전문 분야에 도움이 될까?'라는 생각들이 끊임없이 머릿속을 맴돌았다.

하지만 그럼에도 불구하고 의자에 엉덩이를 붙이고 공부하는 시간을 조금씩 늘리다 보니 의외로 그 안에서 또다른 재미를 찾게 되었다. 외부 공인 시험은 일정한 패턴이 정해져 있고, 해당 급수에 맞는 단어 수준 또한 정해져 있으므로 그것만 암기하면 어려움 없이 통과할 수 있다. HSK 시험을 치른 필자는 박사종합시험을 치를 수 있는 기준 이상의 급수를 취득했음에도 중국어에 재미를 느껴 공부를 멈추지 않았다. 논문을 쓰는 도중과 박사를 취득한 이후에도 더 높은 급수를 얻기 위해 도전했고, 상당히 높은 수준까지 통과할 수 있었다.

방학까지 알차게
활용하는 비법

방학 특강은 반드시 수강하라

방학 동안에는 학교에서 다양한 교육의 장이 열린다. 방학 동안 열리는 강좌들은 일반 성인을 대상으로 하는 경우가 많다. 그래도 대부분의 수강생은 학생들이기에 비교적 저렴한 비용으로 양질의 강의를 들을 수 있다. 방학은 학기 중에 느꼈던 초조함과 경쟁에서 조금 벗어나 학문의 목적을 거시적으로 검토할 수 있는 절호의 기회다. 이 기간에는 전략적으로 시간표를 짜느라 듣지 못했거나 혹은 듣고 싶었으나 시간표상 시간대가 맞지 않았던 과목들을 집중적으로 수강하는 것이 좋다. 굳이 오프라인 수업이 아니더라도 양질의 온라인 수업을 듣는 것도 추천한다. 이처럼 방학 기간을 훗날 논문을 쓰기 위한 기초 실력을 키우는 시간으로 삼자.

필자는 통계 지식이 부족하다는 생각이 들어서 매 방학마다 학교에서 열리는 통계 특강을 수강했다. 첫 수업에서 이해하지 못했던 것도 다음 방학 때 한 번 더 들으니 좀 더 이해하기 쉬웠다. 그렇게 같은 강좌를 3~4번 듣고 나니, 이후에는 후배들에게 알려줄 정도의 수준이 되었다. 일주일에 한 번씩 진행되었기 때문에 학기 중에 수업을 듣는 것과 다르지 않았다. 재학 중인 학교에서 수강한 경우도 있었지만, 집이나 회사에서 가까운 거리에 있는 대학에서 수강한 경우가 더 많았다. 참고로 기말고사가 끝나고 방학이 시작되었어도 직장에는 굳이 방학이라고 떠들고 다닐 필요는 없다. 오히려 이 시간을 자기계발을 위한 시간으로 생각하고 어떻게 체계적으로 활용할 수 있는지 고민해봐야 한다.

외국어 테스트 등 기본 과목 집중 공략!

앞에서 언급한 외국어 시험을 준비해야 한다면, 방학 기간을 적극적으로 이용하는 것도 방법이다. 외국어 시험 준비는 비교적 단기간에 집중적으로 하는 것이 효율적이다. 한두 달 안에 출제 유형을 파악하고 기출문제 등을 기반으로 집중적으로 공부해 단기간에 끝내는 것을 추천한다. 특히 어학 강의 같은 경우에는 집중 강의가 방학 때 많이 개설되고, 최근에는 온라인 강의도 잘 구비되어 있다. 학기 중에는 수업을 따라가기도 어렵고, 더군다나 직장을 병행하는 경우는 수업에만 집중하기도 바쁘다. 그러므로 수업이 없는 방학 때를 집중적으로 이용해서 졸업 요건을 미리 만들어놓는 것을 추천한다.

　그런데 한 가지 주의해야 할 것이 있다. 방학 동안 강의만 수강해서는 안 된다. 반드시 방학 중간에 시험을 한 번이라도 응시해봐야 한다. 설사 완벽하게 준비가 되어 있지 않더라도 일단 시험을 치러보기를 강력하게 권고한다. 처음 응시한 시험에서 좋지 못한 결과를 얻더라도 현장 분위기를 익히면 다음 회차에 통과할 가능성이 커진다. 2회 안에는 무조건 합격한다는 각오로 준비해야 한다.

졸업 전 학술지 게재 준비 및 학위논문 계획

또한 방학 기간에 해야 할 것 중의 중요한 하나는, 졸업 요건 중 하나인 학술지 게재를 위한 준비를 하는 것이다. 박사논문을 다 기술해놓고 학술지를 게재하지 못해서 졸업이 늦어지는 경우가 의외로 많다. 그래서 학술지 게재를 위해 허겁지겁 학위논문을 축소하거나 논문 게재가 비교적 수월한 학술지를 찾아 다급히 투고하는 경우도 있다. 학위논문을 축소해서 발표한 학술논문이 학위논문보다 먼저 게재될 경우, 학위논문이 자기 표절 의혹을 받을 수 있으므로 피하는 것이 좋다. 그리고 후자의 경우에도 그동안 열심히 준비한 논문이 영향력 지수(Impact Factor)가 낮은 학술지에 게재될 수 있으므로, 이를 미연에 방지하기 위해서는 미리미리 학술지 게재를 준비해

뒤야 한다. 졸업에 닥쳐서 준비하지 말고 방학을 이용해서 학술지에 게재해볼 것을 권한다. 물론 이를 위해서는 지도교수님과 일정 및 저술 과정을 상의하는 것은 기본이다.

시간적인 여유가 있다면 학위논문을 위한 준비를 해두자. 방학 동안 선배들의 논문을 다운받아서 졸업을 위한 학위논문의 수준을 가늠해보거나, 본인이 관심 있는 주제와 관련된 논문들을 집중적으로 찾아서 읽어보는 것도 좋다. 이를 위해 방학 동안에도 일정 시간을 정해 학교 도서관을 이용하는 것도 하나의 방법이다. 일주일에 1시간이라도 좋고, 더 많은 시간을 확보할 수 있으면 더 좋다.

학술지에 논문
게재하는 법

풀타임으로 박사과정을 진행하는 사람이 아니라면 아무래도 학술지에 논문을 게재하는 것이 낯설 수밖에 없다. 그러나 박사학위 졸업을 위해서는 학술지 게재가 필수적이다. 그런데 대부분의 학교에서는 이를 위한 수업이 따로 개설되어 있지 않다. 그렇다면 학술지 게재는 어떻게 하는 것이 좋을까?

박사 졸업을 위한 선행 과정으로서의 학술지 발표의 경우에는 대부분 지도교수님의 지도와 도움이 절대적으로 필요하다. 학술지논문의 주제를 선정하는 것에서부터 제목, 방법론, 결론에 이르기까지 혼자 하기보단 지도교수님에게 어느 정도 의탁하는 태도가 중요하다. 한마디로 학술지는 '지도교수의, 지도교수에 의한' 논문이라는 것이다. 이렇게 지도교수님과 밀착으로 진행되기 때문에 보통 박사과정 학생이 제1저자로, 그리고 지도교수님이 교신저자로 등재되는 것이 일반적이다.

가능하면 졸업을 위한 학술지에 등재를 하고, 기회가 되면 학술대회에 참석해보는 것도 좋다. 학술대회는 보통 주말에 열리고, 학술대회에 참석하면 같은 분야를 공부하는 다른 학교 학생들도 만나게 된다. 지도교수님의 위상도 자연스럽게 확인할 수 있는 좋은 기회다. 그 학과에서 누구를 중심으로 학회가 돌아가는지도 알 수 있기 때문이다.

학술대회에서 예상치 못한 인연을 만들 수도 있고, 박사학위 취득 이후에 어떤 계획을 세워야 할지에 대한 큰 그림도 그릴 수 있다. 학술대회에서 발표할 기회가 생기면, 발표 몇 주 전부터 지도교수님과 함께 준비를 하게 된다. 이 기회를 통해서 지도교수님과 더 돈독한 관계를 맺을 수 있고, 학술지논문에 대해서도 보다 상세히 배울 수 있다.

해외 학술지에 투고하는 경우에는 외국어로 논문 작성하는 법, 본격적으로 투고하는 법, 해당 학술지에서 답변이 오거나 질문이 올 경우 어떻게 대응해야 하는지 등에 대해서 배우게 된다. 게재가 확정되면 그 기쁨을 지도교수님과 함께 나누게 된다.

즉 학술지에 투고하고 게재하는 과정을 지나면서 박사과정 중 가장 중요한 논문 쓰기 과정의 일부가 이미 시작된 것이나 마찬가지다. 앞으로 펼쳐질 기나긴 논문 과정의 서곡을 조금 맛본 셈이다.

학술지 게재도 결국 학위논문을 위한 것

학술지에 논문을 게재하는 것도 결국 졸업을 위한 것이니 너무 그 활동에만 집중하면 안 된다. 졸업을 위한 최소 요건만 만족시켜도 된다. 앞서 언급했듯이 학술지 게재를 미루고 미루다가 졸업에 임박해서 급하게 진행하는 경우가 종종 있다. 혹시 설문지를 돌려서 논문을 쓰는 경우, 효율을 높이기 위해 졸업 논문을 위한 설문지와 학술지 게재를 위한 설문지를 동시에 돌리는 것도 하나의 방법이다. 하지만 주의해야 할 것은 학위논문이 자기표절에 걸리지 않도록 주의해야 한다는 것이다. 그러니 학술지에 게재하는 활동을 할 때도 본인이 쓰게 될 논문의 주제와 방법론에 대해서 늘 고민해야 한다.

학술지 게재는 연구자로서 반드시 익숙해져야 하는 과정일 뿐 아니라, 이 과정을 한번 겪고 나면 다양한 역량을 기를 수 있다. 우선 하나의 주제에 대해서 이제껏 어떤 연구가 진행이 되었는지 이전 사례들을 간략하게 요약하는 방법을 습득하게 된다. 그리고 해당 주제를 왜 생각하게 되었는지 최대한 객관적으로 풀어낼 수 있는 방법론을 배우게 된다. 논문에는 하나의 주제를 해결하기 위해서 어떠한 방법을 사용했고, 그 방법을 사용한 과정, 결과를 풀어내는 법을 가장 빠른 시간 안에 배우게 된다.

이런 과학적 연구 방법에 기초한 학술지 활동은 직장 생활을 하는 데도 도움이 된다. 일을 하며 마주하는 문제를 해결하기 위해 이전에는 어떤 연구나 시도가 있었는지를 알아보게 된다. 자신이 생각하는 해결방법에 대한 접근을 시도하되, 이를 최대한 객관적으로 기술하고 설득시키는 방법을 구현할 수 있게 된다. 이러한 경험들은 어디서도 알려주지 않는 본인만의 노하우가 된다. 처음은 당연히 낯설고 힘들다. 직장을 다니느라 시간이 부족할 뿐만 아니라 실력도 없고, 모든 것이 부족하다고 생각할지도 모른다. 이럴수록 겸손하게 자세를 낮추고 교수님께 모든 것을 배우는 마음가짐으로 임한다면 여러분의 실력은 일취월장할 것이다.

연구계획서 작성
노하우

연구계획서 작성하는 법

풀타임으로 박사과정을 진행하는 사람이 아니라면 연구계획서를 작성하는 것이 낯설게 느껴질 것이다. 학술지 게재와 마찬가지로 연구계획서 역시 중요하지만 이를 위한 수업이 따로 개설되어 있지는 않다.

그렇다면 연구계획서는 어떻게 작성하는 것이 좋을까? 가장 좋은 방법은 연구계획서를 발표하는 것을 많이 보는 것이다. 이는 학교마다 방법이 다 다르므로, 코스워크 중에 다양한 연구계획서를 찾아보다 보면 나름의 노하우가 생길 것이다.

연구계획서 작성의 다섯 단계

1. 연구 질문

연구계획서에는 구체적인 연구 질문이 포함되어야 한다. 연구 질문을 '왜(Why)' 혹은 '어떻게(How)'로 표현 가능하면 좋다. 필자의 논문은 「Does Negotiating Power Affect Performance in Corporate Rehabilitation Procedures? An Exploratory Study of Factors Affecting Negotiation in Corporate Rehabilitation Procedure. (협상력은 기업회생의 결과에 영향을 미치는가? 기업회생에서 협상에 영향을 미치는 요인에 관한 탐색적 연구)」라는 다소 긴 제목이었다. 제목 안에 아예 연구 질문을 넣은 케이스였다. 교수님에 따라 이런 제목을 선호하시는 경우도 있고, 그렇지 않은 경우도 있으니 이는 지도교수와 상의해야 한다. 다만 제목은 연구 질문에 걸맞아야 한다. 중요한 것은 연구 질문이 '왜'나 '어떻게'라고 표현 가능해야 한다는 것이다. 계량적 방법을 사용하는 논문의 경우 연구질문에 대한 가설은 독립변수와 종속변수의 관계뿐 아니라 방향(+, -)이나 특성(직접효과, 조절효과)까지 나타내주어야 한다.

2. 연구 방법

연구 방법은 연구 질문에 대해서 효율적으로 대답할 수 있는 방법을 드러내는 것이다. 양적 연구를 하는 연구에서는 분석에 사용할 자료와 자료 수집방법, 그리고 자료의 분석모형에 대해 제시해야 한다. 질적 연구를 하는 경우에는 심층면접, 참여관찰, 문헌 연구, 비교방법 등이 가능하다. 본인이 선택한 연구 방법이 왜 그 질문에 알맞은 최적의 방법인지를 논리적으로 드러내기 위해서 선행연구 등에 유사한 사례가 있으면 기술하고, 혹시 본인이 속한 커뮤니티에서 생산 가능한 자료일 경우 연구계획서 발표 당시에 이야기함으로써 신빙성을 높일 수 있다.

3. 선행연구 검토

본인의 연구 질문과 유사한 연구를 수행한 선행연구들을 검토하는 부분이다. 이 과정은 처음 연구를 하는 입장에서는 조금 의아할 수도 있다. 하지만 이 부분은 연구자의 태도와 직결되어 있다. 내가 하는 연구는 나 혼자만의 머리에서 나온 것이 아니라 앞선 선배 연구자들도 고민하고 연구되었던 것이라는 의미다. 그리고 그 연구 과정을 기록으로 남기는 것이다. 이 부분은 그저 형식적으로 나열하고 정리하기보다는 선행된 연구의 장단점이 무엇인지, 그리고 현재 남아 있는 과제는 무엇인지를 분석적으로 정리하는 파트다. 본인의 연구 질문을 중심으로 선행연구들을 요약적으로 검토하고 제시해야한다.

4. 연구의 의의 및 중요성

본인이 수행하려는 연구가 어떤 가치가 있는지 논문 위원회에게 설득하는 부분이다. 본인의 연구가 왜 중요한지, 어떤 점에서 독창성이 있는지, 기존 연구와는 어떠한 차별성을 가지고 있는지 제시한다. 단순히 "여태껏 진행된 적이 없는 연구다."라고 이야기하면 논문위원회로부터 '선행연구'가 불충분하고, 따라서 방법론도 신뢰할 수 없다는 평가를 받기 쉽다. 그러므로 기존 연구와의 차별성과 다른 점을 기술하는 것이 좋다.

5. 연구의 구성과 앞으로의 진행 일정

많은 사람들이 이 부분을 연구계획서에는 제외하는 경우가 있는데, 꼭 넣으라고 권하고 싶다. 이번 학기 내에 논문을 제출할 수 있다는 의지를 보여줄 수 있는 부분이다. 또한 대략적으로 논문이 어느 정도 완성이 되었는지를 어필하는 부분이므로 꼭 추가하는 것이 좋다.

6. 프로젝트나 질적 연구계획서의 경우

연구에 따라서 예비연구(Pilot study)나 예비조사(Preliminary study)를 제시하면 더욱 완성도가 높아진다. 이를 통해 앞으로의 본격적인 연구진행 방향을 예측할 수 있기 때문이다. 본인이 사용하려는 방법을 사용한 경험적 관찰의 모습을 조금이라도 보여주는 것도 좋다.

양적 연구계획서의 경우에는 기존에 다른 연구에서 사용된 데이터를 사용한다면 기존에 사용되었던 데이터를 어떤 식으로 활용하고, 왜 그 자료를 사용해야 하는지, 그리고 이전 연구와 어떤 차별화가 있는지를 설득해야 한다. 분석의 최종 대상이 될 유효 사례의 수, 기초통계 등 향후 연구의 진행을 가늠할 수 있는 내용을 보여주어야 한다. 자료를 새로 수집하는 경우에는 수집 대상, 표집, 측정 등 구체적인 방법과 함께 예비연구 결과 등을 제시하면 좋다.

대부분 연구계획서는 수정 후 재심의 결과는 없는 것이 일반적이고, '합격' 혹은 '불합격'만으로 판정하는 경우가 많다. 과락에 해당되지 않도록 일정 정도 이상의 수준을 요구한다.

현장 상황 점검

연구계획서 발표를 위한 자료가 모두 준비되었으면 현장에 일찍 도착해서 준비하는 것이 좋다. 사용할 컴퓨터는 제대로 작동되는지, 혹시나 소프트웨어 버전이 달라서 폰트가 깨지지는 않는지 등을 사전에 점검해야 한다. 특히 연구계획서를 단독으로 심사하지 않고 다수의 학생들과 함께 진행하는 경우에는 더 꼼꼼히 점검해야 한다. 현장에서 이미 심사가 진행되고 있으면 현장 상황을 미리 체크하지 못할 수도 있다. 이런 경우에는 계획서 발표 며칠 전에 현장을 답사하거나 조교들을 통해서 확인해두는 것을 권장한다. 필자는 이런 경우를 대비해서 평소 쓰던 노트북을 그대로 현장에 가져갔다. 논문심사위원의 수만큼 계획서를 드려야 하고, 청중이 있다면 조금 여유 있게 가져가서 청중들에게 일부 나누어주는 것도 분위기를 만드는 데 도움이 된다.

발표를 하는 경우에 한 가지 팁을 드리자면, 이 연구계획서 발표를 '하나의 제품을 판다'는 생각으로 임해야 한다는 것이다. 교수님을 상대하는 영업사원의 자세로 임해야지, 절대로 교수님들을 상대로 가르치려고 해서는 안 된다. 내가 판매하고자 하는 제품이 바로 나의 연구계획서라고 생각하면 장점을 어떻게 드러낼지, 왜 이 연구를 해야 하는지가 나온다. 그리고 또 하나의 팁은 위원회와 절대로 논쟁을 해서는 안 된다는 것이다. 지적을 받는다면 반드시 그 자리에서 펜을 들고 받아 적어야 한다. 지적 내용을 받아 적는 과정에서 어떤 대답을 할지 생각할 시간을 벌 수도 있고, 고개를 숙이게 됨으로써 자연스럽게 수용의 자세를 어필할 수도 있다. 연구계획서 발표 시 가장 당황스럽지만, 항상 받게 되는 질문이 있다.

"이 연구를 왜 하려고 하죠? 이미 다 나와 있는데?"

이런 질문을 받으면 누구라도 당황하게 된다. 이 질문은 꼭 궁금해서 묻는다기보다는 순간적으로 어떻게 대처하는지 그 능력을 보는 질문일 가능성이 높다. 이러한 질문에 대한 답으로는 기존 연구와의 차별성을 중심으로 이야기하면 된다. 예상치 못한 질문을 받더라도 당황하지 말고 몇 마디라도 대답하는 것이 중요하다.

Interview 7

이근철

★ ★ ★ ★ ★

48세,
숭실대학교 무역학과 박사(2010년 취득),
現 KC보험통계컨설팅 대표

Q 본인 소개를 부탁드립니다.

A 저는 현재 KC보험통계컨설팅 대표이며, 숭실대학교 일반대학원에서 통계
및 수리분석을 강의하기도 하는 이근철이라고 합니다.

Q 현재 하시는 일을 간단히 소개해주세요.

A 저는 KCISC(KC보험통계컨설팅) 대표로서 통계 컨설팅 및 교육, 보험통계 시
스템 구축과 함께 대학원생을 대상으로 통계 과외 및 자문을 진행하고 있
습니다. 『데이터 관리를 위한 STATA』라는 통계 관련 책을 저술하기도 했
습니다. 또 현재 숭실대학교에서 강의도 병행하고 있습니다.

Q 입학하신 학교와 전공을 알려주세요.

A 숭실대학교 일반대학원 무역학과에 2005년 9월에 입학해, 2010년 8월에 졸업했습니다.

Q 박사학위를 어떻게 시작하게 되셨나요?

A 석사과정에서 지도교수님의 조교로 2년, 학부 조교로 6개월, 총 2년 6개월 간 근무했습니다. 조교 생활 이후에는 보험계리사 자격증을 약 2년간 준비했습니다. 그러던 중 교수님의 권유로 박사과정을 시작하게 되었습니다. 장기간 동안 자격증을 위한 공부를 하다가 다시 학위과정으로 들어오니 초반에는 조금 낯설기도 했습니다. 하지만 모교에서 저를 잘 아는 교수님과 함께 공부를 다시 한다는 점이 좋았습니다.

Q 박사과정 중 기억나는 에피소드가 있다면 소개해주세요.

A 코스워크를 마치고 박사논문을 쓰기 전에 삼정KPMG 금융보험계리법인에 입사했습니다. 보험 관련 컨설팅 업무를 주로 하는 컨설턴트로서 일을 시작한 지 얼마 되지 않아 보험 관련된 프로젝트를 맡게 되었습니다. 보험 회사 평가지표를 개발하고 모델화하는 컨설팅 업무였습니다. 이 프로젝트를 처음부터 끝까지 수행하면서 박사논문에 대한 좋은 아이디어를 얻을 수 있었습니다. 이에 대해서 지도교수님께 의논을 드렸더니 박사논문으로 적합하다고 동의해주셔서 기쁜 마음으로 학위논문을 쓸 수 있게 되었습니다. 관련 자료는 대학원 동기의 도움을 많이 받았습니다.

박사학위를 취득한 이후에는 부서를 옮겨 삼정KPMG 내에 있는 경제연구원에서 금융보험 유통 관련 연구원으로 근무했습니다. 박사학위를 취득하고 나니 박사에 대한 사회적인 대우가 다르다는 점을 직접적으로 느낄 수 있었습니다.

Q 통계와 관련된 책도 저술하셨는데요, 이 통계 프로그램은 박사과정에서 배우신 것인가요?

A 네. 박사과정 중에 지도교수님을 통해서 STATA라는 통계 프로그램을 알게 되었습니다. 지도교수님께서는 박사과정에 들어온 이상 다양한 경험을 해보라는 취지로 새로운 통계 프로그램을 배울 것을 권하셨고, 이를 습득하게 된 것은 커다란 행운이라고 생각합니다. 박사과정 중에 정보비대칭이나 패널분석과 같은 고급통계분석을 할 수 있는 기회들이 많았습니다. 이 기술을 통해서 경제적으로 독립할 수 있게 된 것에 감사함을 느끼고 있습니다. 요약하자면 저는 박사과정에서 배운 이 기술로 단기적으로는 박사논문을 쓸 수 있었고, 이와 관련된 직장을 얻었으며, 덕분에 출판의 기회도 얻을 수 있었습니다.

Q 특별히 기억에 남는 에피소드가 있나요?

A 한 가지 기억에 남는 에피소드가 있습니다. 제가 논문 심사를 받는 해에 지도교수님께서 안식년으로 해외에 체류하고 계셨습니다. 그런데 제 박사논문 심사를 위해 일부러 귀국까지 하셨습니다. 제 논문 심사가 끝나고 당일에 바로 출국하실 정도로 바쁘셨지만, 제자인 저를 위해 배려해주신 거였습니다. 지도교수님께 정말 감사하다는 말씀을 전하고 싶습니다.

또한 코스워크 초반에 아내가 보험 회사에서 언더라이터(보험 심사) 전문가로 일한 덕분에 보험 업무에 대해서 실질적인 조언을 받을 수 있었습니다. 그래서 박사학위 논문 주제를 놓고 아내와 많은 대화를 할 수 있었던 것도 행복한 기억으로 남습니다.

Q 박사학위 취득이 선생님의 삶에 어떤 영향을 주었는지 궁금합니다.

A 저는 박사과정을 통해서 세상을 보는 눈이 다소 바뀐 것 같습니다. 예를

들면 박사과정 중에 많은 데이터를 접했고, 그 데이터에 근거한 판단을 내리는 트레이닝을 받았습니다. 이를 통해 데이터를 수집하고, 정리하고, 분석할 수 있다는 자신감을 얻게 되었습니다. 변화하는 시대에 데이터를 중심으로 변화를 읽을 수 있는 혜안을 조금이나마 가지게 되었고, 이러한 변화에 나 자신을 맡길 수 있게 되었습니다. 박사과정을 통해서 스스로 목표를 설정하고 자세하게 계획하고 실천해가는 삶의 자세를 배우게 된 것 같습니다.

Q **일하면서 박사학위를 준비하는 후배들에게 해주실 조언이 있나요?**

A 지도교수님과의 관계를 사제지간이라기보다 가족 관계라고 생각하면 좋겠다는 말씀을 드리고 싶습니다. 지도교수님을 단지 학위논문의 수여 여부를 결정하는 분으로 생각하지 말고, 살아가는 데 있어 중요한 또 다른 부모라고 생각하면 모든 일이 술술 풀릴 거라고 생각합니다.

또한 박사학위를 준비하기 위해서는 기본적으로 실증분석과 데이터관리를 스스로 할 수 있어야 한다고 생각합니다. 물론 통계 소프트웨어 하나 정도는 전문가 수준으로 다룰 수 있으면 좋습니다. 넘쳐나는 데이터를 원하는 형태로 가공하거나 분석하는 데 큰 도움이 됩니다. 처음에는 데이터를 수집하고 정리하는 것이 힘들다고 느낄 수도 있습니다. 하지만 조금씩 그 방법을 터득해간다면, 데이터가 귀찮은 존재가 아니라 다양하게 활용할 수 있는 요리 도구처럼 다가올 것이라고 생각합니다. 밤을 새워가며 직장과 학위를 병행하고 계신 분들에게 포기하지 말라는 말씀을 드리고 싶습니다.

하영목

★ ★ ★ ★ ★

63세,
홍익대학교 경영학 박사(2010년 취득),
前 LG CNS상무, LG그룹 자회사 Biz Tech 대표,
現 중앙대학교 국제물류학과 교수

Q 현재 소속이 있다면 알려주세요.

A 현재 중앙대학교 국제물류학과 교수로 재직 중입니다.

Q 박사과정에 언제 입학하셨고, 언제 졸업하셨나요?

A 저는 홍익대학교 박사과정에 2007년에 입학해서, 2011년에 졸업했습니다.
경영학을 전공했고, 그중에서도 경영정보시스템(MIS)을 공부했습니다.

Q 어떻게 박사과정을 시작하게 되셨는지요?

A 저는 대학을 졸업하고 줄곧 기업 컨설팅 업종에서 일했습니다. 컨설팅 업
무 특성상 프로젝트별로 각기 다른 회사들과 일하다 보니 자연스럽게 많은
회사들을 살펴볼 기회가 생겼습니다. 저는 각 회사에게 경영정보시스템을

구축해주는 컨설팅 업무를 주로 맡았습니다. 그러다 보니 대부분 경영정보 시스템을 구축하는 것까지가 제 일이었습니다. 그런데 회사들이 시스템들을 구축한 이후에 그 시스템을 어떻게 활용하는지에 관해 의문이 들었습니다. 시스템을 구축한 다음 5년 정도 지나고 나면, 회사들은 이전에 구축했던 시스템을 잘 활용하지 못하는 경향이 있었기 때문입니다. 정보시스템과 관련한 논문을 찾아봐도 대부분 시스템 구축에 관한 성공 스토리만 나열되어 있었습니다. 반면 그 시스템이 어떻게 활용되는지나 장기적이 발전 혹은 문제점을 다룬 스토리는 찾을 수가 없었습니다. 그래서 저는 자연스럽게 시스템을 구축하고 4~5년이 지난 후에도 잘 활용하고 있는 성공 사례가 있는지, 혹시 있다면 어떻게 진행되고 있는지 심도 깊게 연구해보고 싶다는 마음이 일었습니다. 그런 문제의식을 가지고 박사과정을 시작하게 되었습니다.

Q 지도교수님과는 어떻게 만나셨나요?

A 박사를 지원하기 이전에는 LG CNS에서 정보시스템을 전사적으로 구축하고, 그것을 운영하는 총책임자로 일하고 있었습니다. 그때 고객사의 자문교수였던 지도교수님을 만나게 되었습니다. 표면적으로만 보면, 교수님과 저는 갈등 관계로 비추어질 수 있는 여지가 다분했습니다. 일반적인 고객입장에서는 아무래도 더 많은 것을 요구할 수 있고, 컨설팅을 하는 입장에서는 일을 수월하게 풀어나가고 싶어하니까요.

그런데 교수님과 저는 서로 다른 입장에 있었음에도 불구하고, 처음부터 지향하는 방향이 비슷했습니다. 온전한 시스템을 만들어서 경영혁신을 이루자는 근본적인 취지에 공감하고, '이 목표를 위해 힘을 합하자'는 점에 대해서도 의견이 일치했습니다. 서로가 서로에게 윈-윈 관계였다고 자부합니다. 교수님께서는 같은 생각을 지닌 프로젝트 매니저를 만난 것에 대해서 참신하게 생각하셨습니다. 저 또한 이론적으로 뒷받침되면서 동시에 한 차원 수준 높은 디지털 트랜스포메이션을 만들고자 하는 열정을 지닌 교수님을 만나서 일하는 것이 축복이라는 생각을 했습니다.

저는 다른 고객과 대화할 때보다 교수님과 프로젝트에 대해 이야기할 때 훨씬 더 성장한다는 것을 알고 있었습니다. 그런 관계가 지속될 무렵, 앞서 말씀드렸던 문제의식에 봉착하게 되었고, 교수님과 단순히 일적으로만 만나는 것이 아니라 실질적인 제 고민들을 함께 학문적으로 풀어내고 싶다는 말씀을 드렸습니다. 교수님께서도 이 문제에 함께 공감하셨고 연구 지도에도 흔쾌히 동의해주셨습니다.

Q 박사님에게 박사학위란 어떤 의미인지요?

A 인터뷰를 하면서 박사학위를 취득하게 된 것이 저에게 무슨 의미인지 생각해보았습니다. 한참을 생각하다가 문득 이런 생각이 들었습니다. 박사과정이란 '혼자 독립적으로 어떤 주제에 대해서 연구할 수 있는 역량을 지닌 학문의 주체자로서의 역할을 다져가는 시기'라고요. 박사학위를 취득하기 이전에는 연구를 할 때 누군가에게 의지하고 배워나가야 했다면, 그 이후에는 어떤 주제에 대해서 독자적으로 해결하고 연구해나가면서 매듭을 지을 수 있게 된다는 결론에 도달했습니다.

Q 일과 학업을 슬기롭게 병행하는 노하우가 있나요?

A 아마도 이 책을 읽으시는 대다수가 직장을 다니면서 학업을 병행하시는 분들이라고 생각합니다. 사람마다 '일'을 대하는 태도와 '정의'가 다 다르겠지요. 저에게 '일의 의미'란 무엇인지 이 기회에 생각해보았습니다. 저에게 있어서 일이란 하나의 '예술 작품'을 만드는 것이라 생각합니다. 일에 대한 전문성과 자긍심이 있는 사람을 보면, 마치 예술가가 자기 작품을 만드는

것처럼 일에 몰두하는 모습을 볼 수 있습니다. 그들은 누구를 위해서 일하는 것이 아니라, 자신의 세계를 만들어가기 위해 일을 하는 것처럼 보입니다. 어떻게 보면 구도자(求道者)적인 자세일 수도 있겠습니다. 그런 자세에 박사과정에서 얻게 되는 전문성이 더해진다면 본인의 능력은 아마도 최대치가 될 것입니다. 그저 주어진 일만 하기보다, 일을 체계적이고 깊숙하게 분석하고 대안을 모색함으로써 좀 더 나은 해결책을 찾아냈으면 좋겠습니다. 박사과정이 자기의 일을 객관적으로 바라보는 기회가 될 수 있다고 생각합니다.

Q 박사학위 취득 이후의 삶은 어떠셨는지요?

A 박사학위 취득 이후에 저는 박사논문을 토대로 SSCI급 학술지에 논문을 발표할 기회를 얻게 되었습니다. 조회수도 1천 회가 넘어 몹시 뿌듯했습니다. 제가 발표한 논문은 현장 경험이 풍부하다는 평을 얻었는데, 이는 제가 실제로 일하며 경험한 것을 토대로 연구했기에 가능했던 것이라고 생각합니다. 일을 하면서 박사논문을 쓴다는 것은 곧 자신의 경험을 학문화한다는 말이고, 이는 분명히 실질적으로 도움이 되는 논문을 쓴다는 이야기일 것입니다.

일하면서 박사학위를 취득하고자 하는 분들은 아마도 어떤 조직의 '내부' 사람이기 때문에 업무와 관련된 주제를 한 가지쯤은 가지고 있을 겁니다. 그리고 이는 연구하기에 유리한 조건이 아닐까 생각합니다. 박사과정에서 정체되어 있거나 혹은 논문에서 막혀 있는 분이라면 본인이 하고 있는 일의 문제점은 무엇이고, 이를 해결하기 위해서는 무엇을 해야 하는지 자신과 가까운 것에서부터 생각해보면 좀 더 좋은 기회가 오지 않을까 생각합니다.

5장 박사학위 논문

어떻게 쓸 것인가

논문 쓰기가
어려운 이유

박사과정에 입학한 사람 중 약 90%가 '박사 수료'로 남고, 수료 상태로 남은 사람들 중 약 90%가 논문을 쓰는 과정에서 학위 과정을 중단한다. 즉 100명 중에 90명은 박사 수료자로 남고, 그중 81명은 코스워크는 마쳤지만 논문을 쓰지 못했다는 이야기다. 직장을 다니면서 박사학위를 취득해보겠다는 그들의 다짐은 다 어디로 간 것일까? 이 문제는 과연 그들의 의지가 부족해서일까, 아니면 환경이 따라주지 못해서일까? 박사학위를 취득한 사람들에게 박사과정 중 기억나는 에피소드를 물으면 99%가 '논문'에 관한 이야기를 꺼낸다. 그만큼 논문 쓰기가 중요하면서도 녹록지 않기 때문이다. 도대체 어떤 이유들이 박사과정 학생들의 발목을 잡는 걸까?

제대로 알려주는 사람이 없다

코스워크를 마치면 세상을 다 얻은 것 같다. 당장이라도 박사가 될 것 같다. 그래서 교수님께 논문 주제를 가지고 상의하러 가면 10명 중 8명의 지도교수님은 다음과 같이 답변하신다.

> "박사과정은 스스로 학습하는 것이 중요하네. 일단 연구계획서를 한 번 써서 보내보게나."

말 그대로 '자기주도학습'을 강요한다. 그러나 말이 좋아 자기주도학습이지, 실제로는 이보다 무책임한 말은 없다. 한마디로 "알아서 써오세요."라는 것과 같다. 교수님은 왜 이렇게 논문 쓰는 법에 대해서 박하게 구시는 걸까? 시원시원하게 이야기해주시면 좋으실 것을. 무슨 대단한 비법이 있길래 꽁꽁 감추는 것일까?

후에 필자가 깨달은 점은 대부분의 교수님들이 학생 시절에 좌충우돌 어렵게 어렵게 논문을 썼다는 것이다. 통계 프로그램이 지금처럼 일반적으로 활용되지 않았을 무렵에 박사학위를 취득했기 때문에, 제자들 역시 자신이 겪은 방법대로 스스로 성장하길 바라는지도 모르겠다.

또 다른 이유도 있다. 이는 외국에서 교수를 하고 있는 친구에게서 들은 이야기다. 다른 나라에 비해 우리나라 대학원에서는 한 교수에게 할당된 학생 수가 월등히 많다고 한다. 이 때문에 현실적으로 학생들에게 일일이 논문 지도를 해주는 것이 어렵다. 경우에 따라서는 교수님들이 연구와 관련된 정부 프로젝트나 외부 활동 등을 병행해야 하기 때문에 모든 제자들의 논문을 꼼꼼하게 살피기에는 물리적인 시간이 부족하다. 그래서 지도교수님은 제자들에게 오늘도 이렇게 이야기한다.

"대학원 수업을 통해서 스스로 습득하는 능력을 키우시오. 아니면 선배들을 통해서 논문 쓰는 방법을 전수받으시오."

결국 박사과정에서도 고등학교 때부터 끝없이 들어왔던 '자기주도학습'을 해야 하는 수밖에 없다. 코스워크 기간 동안 몰려다니면서 수업을 듣는 '시스템주도학습'만 하다가 갑자기 '자기주도학습'을 하려니 낭떠러지에 매달려 있는 느낌일 것이다. 처음 한두 번 정도는 나름 열심히 주제를 정리해 교수님을 찾아가보게 되지만, 이내 논문 주제와 연구 방향에 대해 몇 번 거절당하다 보면 말 그대로 멘탈이 무너진다. 교수님 입장에서도 중심을 잡지 못하고 자꾸 삽질(?)만 하고 있는 학생은 자연히 관심 밖으로 멀어질 수밖에 없다.

직장과 병행하느라 그렇지 않아도 시간이 부족한데 지도교수는 자꾸 퇴짜를 내니, 어느새 포털사이트에 '논문 컨설팅'이라는 단어를 검색해보고 있는 자신을 발견하게 된다. 공교육을 통해서 제대로 배울 수 없는 상황이라면 사교육을 통해서 보충하는 것은 문제가 없다. 하지만 논문 컨설팅은 사교육이라기보다는 '논문 대행'으로 빠질 가능성이 더 크다. 대행업체를 통해 논문을 쓴다 하더라도 추후 논문 공개심사에서 본인이 썼는지 안 썼는지 다 드러나게 된다.

논문으로 세상을 바꾸고자 하는 욕망

논문 쓰기가 어려운 또 다른 이유가 있다. 바로 한 편의 학위논문으로 세상을 바꾸고자 하는 욕망 때문이다. '패러다임'의 개념을 처음 이야기한 토마스 쿤의 『과학혁명의 구조』가 바로 그의 박사학위 논문이었고, 영화 〈뷰티풀 마인드〉로 대중에게 널리 알려진 존 내쉬는 1950년 「비협력 게임(Non-cooperative Games)」이라는 제목의 논문으로 수학과 박사학위를 받았다. 그리고 이 논문은 경제학에서 가장 자주 응용되는 게임이론의 개념인 '내쉬균형(Nash Equilibrium)'의 토대가 되었다.

필자 또한 그런 사람이 되고 싶었다. 직장과 병행하기 때문에 남들보다 곱절의 어려움이 있었지만 그러기에 이 세상을 더 아름답게 바꾸고 싶은 소망이 있었다. 따라서 당신의 욕망을 이해한다. 좋은 논문으로 '사회에 기여하고 싶다는' 긍정적인 마음을 칭찬하고 싶다. 무엇보다 이 논문을 통해 쾌감을 느끼고자 하는 것도 이해한다. 하지만 논문을 눈앞에 두고 있는 당신은 아쉽지만 아인슈타인도, 토마스 쿤도, 존 내쉬도 아니다. 우리는 그저 직장을 다니며 박사과정을 졸업해야 하는 생활인임을 다시 한번 상기하자.

이러한 욕망의 정점에 있었던 사람이 바로 필자였다. 하지만 100페이지 넘게 쓴 학위논문을 지도교수님에게 퇴짜 맞고 나서야 비로소 깨달았다. 내가 졸업하는 데 필요한 논문은 세상을 바꾸기 위한 논문이 아니라 '이 과정을 끝내기 위한 논문'임을, 논문 심사 기준에 맞춰 제한된 시간 안에 제출해야 하는 논문임을 깨달았다.

논문 쓸 시간이 없다

이 책을 쓰면서 선배 연구자들에게 이런 질문을 던졌다.

"논문을 쓰면서 가장 어려웠던 점이 무엇이었나요?"

조금씩 차이는 있지만 공통된 답변이 있었다. 바로 "논문 심사 마감일은 다가오는데 시간은 없고…."였다. 논문학기가 시작되면 모든 것을 본인이 스스로 결정하고 진행해야 한다. 주제 선정에서부터 연구계획서 작성, 설문지 작성 및 통계 프로그램을 통해 연구 결과를 작성하는 일까지 혼자서 다 해야 한다. 각자 연구하는 주제가 다 다르다 보니 동기들과 주제에 대한 이야기를 나누기도 어렵다. 교수님과 면담을 하는 것도 쉽지 않다. 이것저것 하다 보면 벌써 한 학기가 지나간다.

논문 심사일은 일주일 앞으로 다가오는데 논문 진도는 좀처럼 나가지 않는 상황. 이런 상황은 그동안 열심히 하지 않아서 생긴 것이 아니다. 다만 중요하지 않은 부분에 신경을 쓰느라 정작 필요한 부분에 시간을 쓰지 못했기 때문이다.

주제 선정 이후에 가장 시간을 많이 들여야 하는 부분은 바로 '가설에 따른 연구 방법을 선정하고 분석할 시간'을 확보하는 것이다. 논문을 처음 쓰는 사람들은 대부분 가설 검증과 분석을 가장 마지막 단계에서 한다고 생각하지만 그렇지 않다. 가설을 선정하고 분석하는 일은 가장 먼저 해야 한다.

일단 가설이 결정되고 분석이 완료되면 논문 심사일이 다가와도 걱정은 없다. 그 외에 '서론'이나 '이론적 배경' '인용'과 같은 부분은 심사 당일에 지적을 받더라도 "네! 제출할 때까지 수정하고 보완하겠습니다!"라고 씩씩하게 답변하면 넘어갈 수 있는 부분이다. 그러나 가설이나 설문 문항, 분석 부분이 잘못되면 되돌릴 수가 없다. 특히 설문 문항이 잘못 설계되면 최악의 경우 설문지를 다시 돌려야 할지 모른다. 다시 말해 이번 학기엔 졸업하기가 어렵다는 이야기다.

즉 논문을 쓸 시간이 없는 것이 아니라 논문을 쓰는 방법을 모르는 게 문제다. 어디서부터 손을 대야 할지, 본인이 공부한 것을 어떻게 풀어나가야 할지, 그리고 무엇보다도 본인의 전문 영역을 어떻게 교수님과 상의해야 할지를 알아야 한다는 뜻이다. 같은 시간을 들이고도 어떻게 하면 단기간에 효과적으로 본인이 원하는 주제를 담아 논문을 쓸 수 있는지 하나씩 알아가보도록 하자.

학위논문은
주제 선정이 반이다

연구 주제 선정하기

논문을 쓸 때 가장 먼저 해야 할 것은 연구 주제를 선정하는 일이다. 가장 중요하기도 하지만, 가장 시간이 많이 걸리기도 한다. 연구 주제를 선정하는 데 전략이 필요한 이유는 논문을 쓰는 과정에서 혹시나 연구 주제가 변경되는 불상사를 막을 수 있고, 논문 심사에서 통과될 가능성을 높일 수 있기 때문이다. 연구 주제를 전략적으로 선택하기 위해서는 지도교수님을 100% 활용하고, 분석 결과가 비교적 유의하게 나올 가능성이 높은 주제를 선정하는 것이 중요하다.

박사과정에 입학할 때부터 연구하고 싶은 주제가 있거나, 혹은 개인적으로 흥미를 느끼는 주제가 따로 있다면 이 부분은 넘어가도 좋다. 예를 들어 필자는 입학 당시에는 병의원을 비롯한 전 세계 보건 시스템에 관한 주제로 논문을 쓰고자 했다. 그러나 생각보다 회사 일이 바빠졌고, 중간에 회사가 부도가 나서 기업회생에 들어갔다가 결국 매각에까지 이르렀다. 이를 수습하고 다시 학교에 복학하는 데 10년 이상의 시간이 걸렸다.

그러다 보니 직접 경험한 것을 바탕으로 기업회생의 문제를 연구해보고 싶었다. 경제적으로 성장 단계에 있는 사회에서 성공하는 기업이 있으면, 실패하는 기업도 생기기 마련이다. 필자는 앞으로 우리나라에서 기업회생의 문제가 주요한 사회문제로 대두될 것이라는 판단을 내렸고, 그래서 10년만에 복학해 지도교수님과 면담하며 이러한 주제에 대해 연구하고 싶다는 말씀을 분명하게 전달했다. 이런 특별한 경우를 제외하고는 일반적으로 '졸업'이 우선인 사람들이 대다수이므로 다음과 같은 노하우를 전달한다.

논문 주제 리서치

큰 무리 없이 통과할 수 있는 주제를 선정하는 첫 번째 팁은 교수님과 학과 선배 혹은 풀타임으로 박사과정에 있는 연구자들의 최근 논문들을 검색해보는 것이다. 기간은 최근 3년이면 충분하지만, 논문이 많지 않은 경우에는 5년까지 늘려서 그 경향을 살펴보면 좋다. 학과 홈페이지를 통해 지도교수님의 논문 정보를 확인하거나, RISS

나 KISS 같은 논문 검색 사이트에 방문해서 교수님의 최근 논문들을 검색할 수 있다. 또한 학과 사무실 조교에게 부탁해 최근에 논문 심사를 받았던 리스트를 알려달라고 하면 아마도 금방 정보를 얻을 수 있을 것이다.

학과 홈페이지의 공지사항 같은 곳에서 논문 발표 일정들을 체크해보는 것도 좋다. 이 리스트를 정리해보면 학기별로 논문 심사를 받았던 당사자와 연구 주제, 담당 지도교수님을 어렵지 않게 알아낼 수 있다. 이 정보를 바탕으로 논문 검색 사이트에서 논문을 다운받아 쭉 정리해보자. 많이 언급된 주제의 단어를 눈여겨보고, 최근 지도교수님이 관심을 보이는 주제가 있다면 그중에 나의 관심을 끄는 것이 무엇인지도 역으로 생각해볼 수 있다. 그리고 P값(유의확률)이나 후속 연구의 제언 등을 참고해 몇 가지 주제 단어를 선정하면 된다.

이렇게 비슷한 주제들끼리 묶어보면 대략적인 패턴과 수준을 한번에 파악할 수 있다. 내가 속한 학과가 이 전공 안에서 어떤 주제와 방법론을 가지고 연구를 진행했는지 그 흐름을 파악할 수 있다. 이런 방식으로 정보를 취득하고 정리해나가는 연습을 한다면 지도교수님께 어떠한 주제로 지도를 요청해야 할지 스스로 답을 찾을 수 있을 것이다. 가장 우선으로 고려해야 할 주제는 '교수님의 최근 연구 관심사'이고, 두 번째는 '학과 내 주제의 흐름', 세 번째는 '전공 내 최근의 흐름'이다. 본인의 관심사는 웬만하면 후순위로 밀린다고 보면 된다.

원인과 결과가 되는 변수를 도출하라

논문 주제 리서치를 마치고 논문에 들어갈 주요 변수를 골랐다면, 이제 그 변수들을 조합해 연구 주제를 한 문장으로 만들어보는 단계다. 어떤 변수가 원인이 되고, 어떤 변수가 결과가 되는지 스토리를 만들어보자. 원인과 결과, 즉 독립변수와 종속변수를 구분하는 작업을 해보는 것이다. 검색된 많은 주제어들을 중심으로 독립변수에 따라 종속변수가 어떻게 달라지는지 연구 주제 스토리를 만들고 이것이 타당한지 타당하지 않은지, 유의한 결과인지 아닌지를 판단하는 것이 논문의 주요 뼈대다. 원인과 결과의 변수들은 독립변수와 종속변수로 불리기도 하고, 설명변수와 반응변수, 예측변수와 결과변수로 표현되기도 한다. 중요한 것은 검색된 주제들을 가지고 한 문장의 주제문을 만드는 것이다.

가설과 연구 모형 설계

독립변수와 종속변수를 결정하고, 이를 아우르는 한 문장의 스토리라인을 설계하면 그 변수에 맞게 가설과 연구 모형을 만드는 작업을 시작한다. 가설이란 쉽게 말해 '내가 연구하고자 하는 문제를 분석하면 이러한 결과가 나타날 것 같다'고 가정하는 것이다. 연구자가 설정한 가정이 맞으면 '그 가설이 검증되었다' 혹은 '이 가설은 채택되었다'는 표현을 쓴다. 만약 가설이 성립되지 않으면 '그 가설이 검증되지 않았다' 혹은 '기각되었다'는 표현을 쓴다.

이렇듯 연구하고자 하는 문제들을 통해 검색된 키워드들에 관한 의문을 바탕으로 가설을 설정하고, 연구 모형과 변수들의 특성을 고려해 각 변수들을 검증할 수 있는 요인들을 적재적소에 배치하면 세부 가설들을 세울 수 있다. 이 가설에서 특별히 영향을 미치는 변수들 사이의 관계를 조명하고, 선행연구를 통해 그 근거들을 찾게 되면 좀 더 의미 있는 연구 주제를 도출할 수 있을 것이다.

효율적으로 읽고
체계적으로 정리하라

효율적으로 논문 읽기

연구하고 싶은 주제어로 논문을 검색해서 다운받았다면, 이제 논문을 읽고 정리할 차례다. 먼저 서론부터 차근차근 읽어내려간다. 중간에 빨간 펜으로 밑줄도 그어보고, 어려운 부분에는 별표도 쳐본다. 특히나 내가 아는 이론이 나오면 "아하!" 하는 소리도 작게 질러본다. 그렇게 20분 정도 읽으면 슬슬 눈꺼풀이 내려앉기 시작한다. 다운받아놓은 10편의 논문이 대기하고 있는데, 첫 번째 논문에서부터 이렇게 진도가 나가질 않는다. 중간중간 휴대폰을 만지작거리면서 혹시나 친구에게서 온 연락은 없는지 찾아본다. 이렇게 2~3시간을 흘려보내고서 책상에 엎드려 잠시 잠을 청해본다. 꿀잠을 자고 헐레벌떡 일어나서 다시 읽다 만 논문을 꺼내 읽는다. 이렇게 도서관에서 반나절을 머물며 논문 3편을 읽으면 어느새 뿌듯함이 가슴 한구석에 내려앉는다.

논문 쓰기를 앞두고 선배에게 이렇게 물어본 적이 있다.

"선배님. 선배님은 박사논문 쓰면서 논문을 몇 편이나 읽으셨어요?"

선배는 씩 웃으며 말했다.

"나도 교수님께 그 질문을 드려본 적이 있죠. 교수님은 120편에서 150편은 읽어야 한다고 하시더라고요. 개인적으로는 한 100편은 읽은 것 같아요."

도서관에서 논문 3편을 읽는 데 꼬박 반나절을 썼는데, 100편은 솔직히 좀 과장한 숫자가 아닐까 생각했다. 그런데 실제로 박사논문을 준비하며 USB에 다운받은 논문의 수를 보니 약 300여 편이 조금 넘었다. 물론 다운받은 논문을 전부 제대로 읽었다고 할 수는 없다. '논문 통독'이라는 이름의 엑셀 파일에 제대로 읽은 논문의 내용을 따로 정리했는데, 나중에 그 수를 헤아려보니 약 150개 정도였다. 논문을 잘 쓰려면 논문을 많이 읽어야 한다. 그러면 그 많은 논문들을 과연 어떻게 읽어야 할까?

체계적으로 논문 정리하기

논문은 철저하게 '목적 달성형'으로 읽어야 한다. 교양을 위한 읽기와는 차원이 다르다. 내가 알고자 하는 것만 추려서 읽어내려가다 아니다 싶으면 재빨리 뱉으면 된다. 교양을 쌓고자 했다면 처음부터 문맥을 따라가며 읽는 방식을 택하겠지만 그렇게 하기엔 물리적인 시간이 부족하다. 이때 필요한 것은 철저한 목적을 지닌 전략적이고 적극적인 읽기 방식이다.

자세한 방법은 이러하다. 일단 논문을 다 읽지 않는다. 제목과 키워드만 눈으로만 훑는다. 표와 그래프만 주의해서 보면 된다. 교양을 위한 읽기와 다른 점이 있다면 '눈'으로 읽는 것이 아니라 '손'으로 읽어야 한다는 것이다. 출력한 논문을 옆에 두고 엑셀 프로그램을 열고 논문의 주요 내용들을 표에 정리하는 것이다.

다음 그림은 필자의 엑셀 파일 예시다. 먼저 정리할 논문을 맨 왼쪽에 순서대로 적는다. 이렇게 번호를 기입하는 이유는 내가 얼마나 공부를 많이 했는지를 정량적으로 알 수 있기 때문이다. 이 숫자가 커질수록 뿌듯한 마음도 커지는 의외의 효과가 있다.

다음으로는 저자와 논문이 발표된 연도, 논문의 제목과 출처를 순서대로 기입한다. 이 내용은 논문의 맨 앞 페이지에 나와 있다. 중요한 것은 그다음부터다. 서론과 배경은 다 건너뛰고 연구 방법 파트로 바로 넘어가서 어떤 변수를 사용했는지 체크한다. 변수에 대한 정의가 있는 부분을 찾아야 한다. 바로 연구 모형 및 설계에 해당되는 부분이다. 연구의 가장 중요한 핵심인 독립변수와 종속변수를 확

필자의 논문 정리 파일 예시

연번	저자	연도	제목	출처	ID Variable	D Variable	Me, Mo Variable	연구모형	연구대상
1	정영욱, 김장호, 이춘우	2012	기업의 회생 전략이 회생 성과에 미치는 영향에 대한 An Empirical Study of Turnaround Strategy and Corporate Turnaround Performance	전략경영연구 15(2), 2012.8, 59-80 (22 pages)	회생전략	회생성과	조절변수 - 산업성장률, 회생상황의 심각성 통제변수 - 기업연령, 기업규모, 최고경영자(CEO) 교체	모형 1. 회생 전략 → 회생상황의 심각성 / 산업성장률 → 회생 성과	한국신용평가정보의 데이터베이스(KISLINE)에서 제조업에 속한 기업 중 상장 코스닥 등록이 공공감독위원회로 기업(1233)개를 대상으로 1990년부터 연도별 상장된 순이익을 분석하여 3년 이상 연속적인 적자를 보이는 기업을 회생상황에 처한 기업으로 정의하고 그 표본을 추출하였다. 기존 연구는 산업의 기간을 2~4년으로 정의하고 있으나 본 연구에서는 Hambrick & Schecter(1983)의 연구에 따라, 회생상황에 3년 이상의 연속적인 성과 저하를 기준으로 정의하였으며, 회생성공기업 (Bibeault, 1982; Hambrick & Schecter, 1983; Hambrick & Schecter, 1985) 1233개의 기업을 본 연구의 3년 이상 연속적인 성장의 회복을 보인 기업으로 정의하고 이를 기준 이상 중 특정 산업의 17개씩의 소속으로 분석 대상으로 선정하였고, 이를 기준으로 5개 기업의 경우 이를 표본에서 삭제하였고 총 92개 기업을 대상으로 선정하였다.
2	김아린	2017	회생 전략이 기업 회생에 미치는 영향: 한국회생기업을 대상으로	대한경영학회지 제30권 제8호 (통권 154호) 2017년 8월(pp. 1341-1362)	1. 운영축소전략 2. 전략적회생전략 3. 최고경영자교체 4. 재무적회생전략	기업회생		모형 1. Turnaround = α + β₁QR^QS... 표기 Turnaround Performance... 모형 2. Turnaround = α + β₁QR^QS... 본 연구의 목적은 기업의 회생 전략이 기업회생에 미치는 영향을 실증적으로 도출하는데 있다. 이를 위해 분석 자료와 연구가설의 검증을 위한 분석은 응용 종속변수의 유형에 따라 2가지로 구분되었다. 구체적으로 모형 1에서 종속변수가 기업회생의 성공 여부 모든 이분적 변수인 것기 때문에 로지스틱 회귀모형을 사용하였고, 모형 2에서는 기업의 회생 이후 3 년간 성과의 평균값으로 측정한 회생 성과를 종속변수로 이용하기 때문에 다중회귀분석을 수행하였다.	기업의 다양한 회생 전략이 기업 회생에 영향을 검증하기 위해 본 연구는 먼저 2004~2010년의 기간 동안 한국거래소에 상장된 비상장기업을 대상으로 구성하였다. 실제로 연구에 사용한 표본은 2013년까지이며 3년간의 회생 전략을 확인하기 위해서 4년의 표본기간(2001년부터 2010년으로 회생기업을 산정하기 위해서 두 가지 조건을 설정하였다. 먼저 산정구간은(Barker &Duhaime, 1997; Barker & Patterson, 1996;Bruton et al., 2003)에 따라 2001년부터 회생상황(즉, 종속변수의 영향을 3년 이상 연속적인 적자를 보인 기업을 대상으로 하는데, 이러한 선행연구는 회생 여부의 연구에서 가장 많이 사용되는 기준이다(Bruton & Wan,1994; Hambrick & Schecter,1983; Robbins &Pearce, 1992). 기업의 성과 저하 기간을 연속적으로 경영하는 연구를(Hambrick & Schecter,1983; Robbins & Pearce, 1992;은 3년이라는 산정으로 기간이 길어 김아린을 표시 산정기준으로, 4. 표본 선정에는 모두 실제 회생 상황에 처한 기업들을 선별하기 위함이다. 재무자료는 한국신용평가정보의(주)의 KIS-VALUE에서 추출하였다.

인하기 위함이다. 이 변수들을 각각 엑셀에 기입한다. 연구 가설을 함께 기입해두면 좋다. 그런데 이 부분도 일일이 다 옮겨 적을 필요는 없다. 대부분 논문 속에 표나 모형으로 나오기 때문에 그 부분을 그냥 복사해서 붙여넣으면 된다. 다만 독립변수와 종속변수 부분만은 직접 옮겨 적을 것을 권한다. 기계적으로 타이핑하는 것을 방지하기 위해 내용을 먼저 숙지해야 한다. 그 후 바로 연구 결과나 분석 결과로 넘어가서 P값이 0.05 미만인지, 그리고 표에 별표(*)가 붙어 있는지를 확인하고, 유의한 변수는 따로 기록을 해둔다. 그런데 사실 결과가 그렇게 중요한 것은 아니다. 단지 논문을 읽는 요령을 숙지하는 차원에서 기입을 권한다.

추후에 설문지를 작성해야 하기 때문에, 학위논문의 경우 마지막 '부록'에 첨부되어 있는 설문지의 문항을 따로 모아두도록 한다. 향후 연구 주제가 결정되면 바로 활용할 수 있도록 하기 위함이다. 한 가지 팁은 이렇게 사전에 P값에 유의한 변수를 정리해두면, 이 변수와 문항을 활용하게 될 때 P값이 유의하게 나올 확률이 높아진다는 것이다. 이렇게 분석 결과로 넘어간 후, 가설 검증을 위해 사용한 통계 프로그램과 분석 방법을 확인하고 분석 결과표를 통해서 P값의 유의성을 파악하면 된다.

여기까지가 논문 하나를 정리하는 대략적인 과정이다. 혹시나 시간 여유가 있다면 이후에 결론 부분을 요약하거나 제언과 논의를 통해 결과의 의미를 정리해두면 좋다. 게다가 자신의 아이디어를 적어놓는 것도 나중에 도움이 된다.

논문 검색 사이트에서 찾아볼 수 있는 대부분의 논문은 PDF 파일 형태다. 파일을 열면 왼편에서 논문의 목차를 볼 수 있는데, 이 목차를 클릭하면 바로 해당 본문으로 넘어가도록 설정되어 있다. 참고 논문의 제목과 출처 그리고 연구 목적과 연구 모형, 설계 부분 등을 따라가면서 엑셀 파일에 옮겨 적다 보면 어느새 논문의 흐름을 따라가게 되고, 본인이 진행하려고 하는 연구에 대한 아이디어도 얻을 수 있다.

이런 식으로 논문을 정리하면서 엑셀 시트를 채워나가다 보면 주말만 활용해도 매주 약 20편 이상의 논문을 정리할 수 있다. 논문 1편을 정리하는 데 약 30분가량 소요되므로 토요일, 일요일만 할애해도 비교적 많은 논문을 소화할 수 있다. 대략 한 달 반 정도의 시간에 약 100편 정도의 논문을 정리할 수 있다. 중요한 것은 교수님과 면담 시 이 엑셀 시트를 반드시 보여드려야 한다. 이렇게 정리한 것을 교수님에게 보여드리면 교수님께서는 분명히 이렇게 말씀하실 것이다.

"음, 공부를 참 체계적으로 하고 있구만."

논문을 정리한 내용을 교수님에게 보여드리면서 박사학위에 대한 의지를 직간접적으로 표현하는 것도 물론 중요하다. 하지만 더욱더 중요한 것은 이렇게 엑셀 시트를 정리하고, 정리된 시트들을 10개 정도씩 묶어서 읽어보는 일이다. 정리된 자료를 계속 읽다 보면 자신이 선택한 연구 주제의 흐름과 용어에 대한 배경지식이 은연중에 쌓이게 된다. 교수님과의 대화 중에 관련 용어가 자신도 모르는 사이에 툭 하고 튀어나올 수도 있다. 그러면 교수님도 이제 제법 연구 주제에 대한 이해가 높아지고 있다고 판단해 "잘하고 있네."라는 말을 할 가능성이 높다.

필자가 소개한 방법은 참고 논문을 꼼꼼하게 읽고 정독하기보다는, 마치 본인이 논문의 심사자가 되어 논문을 빠르게 훑어나가며 가설을 포함한 연구 모형과 P값을 중심으로 결과와 제언을 확인하는 전략이다. 이런 과정들을 엑셀에 정리하면서 개별 논문에 대한 이해도를 효율적으로 높일 수 있고, 정리한 엑셀을 꺼내 읽으며 본인의 연구 주제에 대해서도 생각해볼 수 있다.

직장인을 위한
논문 작성 순서는 따로 있다

학위논문을 쓰는 것은 라이선스를 따는 것과 같다. 즉 전국 수석을 하는 게 중요한 것이 아니라, 그저 최소한의 통과 기준을 넘기기만 하면 된다는 의미다. 처음부터 완벽하게 쓰기보다는 학교 논문 심사 기준에 따라서 마감을 정해놓고 대략적으로 빠르게 논문 가제본을 완성하는 것이 중요하다. 또한 문제가 생겼다고 해서 연구 주제를 변경하기보다는 지도교수님과 지속적으로 논의해 부족한 부분을 계속 수정·보완하는 편이 낫다. 수정할 수 없는 커다란 사항들에 대해서는 어떤 근거로 이런 결과가 나왔는지 방어 논리를 마련하는 것이 더 현실적이다.

　이런 전략으로 논문을 쓰면 아무래도 빠른 속도로 진행할 수 있다. 연구자 입장에서도 무언가 채워나가고 발전된다는 느낌을 지속적으로 받으면, 논문을 쓰는 것에 점점 더 흥미를 느끼게 될 것이다. 연구자가 흥미를 느끼게 되면 논문의 질은 자연스럽게 우수해진다.

　설문지 조사의 경우 보통 대학원에서 권장하는 논문 작성 순서는 다음과 같다.

일반적인 논문 작성 순서

① 연구 주제 선정 → ② 서론 작성 → ③ 이론적 배경 작성 → ④ 가설 선정 ↓

⑧ 연구 주제 수정 ← ⑦ 통계 분석 ← ⑥ 설문조사 ← ⑤ 설문지 작성 ↓

⑨ 가설 수정 → ⑩ 통계 분석 결과 수정 → ⑪ 결론 및 제언

　파트타임으로 박사과정을 진행하는 직장인들은 이러한 고전적인 논문 쓰기 방법으로는 제시간 안에 도저히 완성할 수 없다. 이 방법의 가장 큰 문제점은 '서론' 부분이 상황에 따라 달라질 수 있다는 점이다. 일하면서 박사를 병행하는 직장인들은 고전적인 논문 작성 방법에서 벗어나야 한다. 따라서 직장인들의 논문 작성 순서는 다음과 같아야 한다.

'서론'과 '이론적 배경' 부분부터 순서대로 쓰는 것이 아니라, 연구 주제가 정해지면 이에 따른 가설을 가장 먼저 도출하는 것이다. 즉 연구 문제를 우선적으로 쓰는 것이다.

필자의 경우에는 '기업회생에 들어간 회사들이 기업회생을 종결하려면 과연 어떻게 해야 할까?'라는 단순한 질문에서 시작했다. 논문의 큰 주제는 '기업회생'이었다. 이 분야에 대해서 연구해야겠다고 생각하자마자 '기업회생'이라는 단어로 검색을 시작했다. 검색된 논문들을 앞에서 소개한 방식으로 엑셀 파일에 기입해나가며 정리하고 10개 단위로 읽어내려갔다. 그러니 그동안 기업회생에 관한 연구가 어떻게 진행되었는지 그 흐름을 대략적으로 파악할 수 있었다.

또한 연구들 중에서 내 논문에 어떤 변수를 적용할 수 있는지 대입해보고, 적용 가능한 논문을 따로 분류해 '주요 논문'이라고 이름 붙여서 관리했다. 주요 논문들의 경우에는 설문지까지 검색해 심도 깊게 분석했다. 대부분의 학술지에는 설문지가 첨부되어 있지 않아서 이런 경우에는 저자에게 직접 이메일을 보내서 설문지를 받기도 했다. 교수님과 면담할 기회가 생기면 이렇게 이메일로 따로 받은 설문지들을 열심히 논문 작업을 하고 있다는 인상을 남겼다.

나름대로 설문지 설계가 끝나면 곧장 지도교수님께 달려가서 확인을 받아야 한다. 이때 한 가지 가설만 가져가는 것이 아니라 2~3개 정도를 더 준비해서 함께 논의해볼 것을 권장한다. 즉 교수님께 "이것 아니면 다음 번에 다른 버전으로 다시 준비해오겠습니다."가 아니라 "교수님, 이 버전도 준비했고 이 버전도 준비했는데요. 혹시 어떤 것이 좋을까요?"라고 옵션을 제시하는 것이다. 교수님도 사람이므로 부담을 떠안고 싶어하지 않을 것이다. 선택지가 하나밖에 없으면 어느 누구라도 부담스러워할 수밖에 없다. 만일 교수님께서 "쓰고자 하는 주제를 명확하게 이론화 시킬 수 있을지 확실하지 않아요." 혹은 "어떤 주제로 쓰는 것인지 그 의도가 명확하지 않아 보여요."라는 피드백을 주셨다면 그 숨은 뜻은 이렇다. 주제가 미정이라면 "주제를 2~3개 더 가져오세요."라는 뜻이고, 이미 주제를 정했다면 "가설을 2~3개 더 찾아오세요."라는 뜻인 것이다.

지도교수님의 이런 속마음을 모른 채, 교수님께 논문을 거부당하는 상황이 반복되면 결국 연구자들도 지치게 된다. 그러나 이런 상황은 연구자의 자질이 부족하거나, 혹은 능력이 없어서가 절대 아니다. 논문을 쓸 만한 역량은 이미 입학 때 검증된 것이나 마찬가지다. 이런 상황들이 생긴 이유는 다름 아닌 지도교수들이 놓인 상황에 대한 인식이 조금 부족했기 때문이다. 따라서 위에서 제시한 방법대로 논문의 주제가 바뀌지 않는 범위 내에서 다양한 옵션을 제시한다면 지도교수님께 비교적 부담을 덜 주는 동시에, 설문조사와 통계 분석을 다시 진행하는 불상사도 방지할 수 있을 것이다.

어떤 연구 방법을
택할 것인가?

사회과학 논문의 대부분은 양적 연구로 진행한다. 양적 연구는 실증주의에 기반을 둔 방법으로 '보편성'이 핵심이다. 과학적인 근거를 통해 연구 결과가 보편성을 지니므로 다른 상황에도 적용이 가능하기 때문이다. 이 때문에 다양한 정책에서 그 근거자료로 사용되어 왔다. 하지만 옳고 그름을 따지는 합리성의 시대를 지나 다양성을 추구하는 포스트모더니즘 시대에 접어들면서 연구자들은 다양성을 검증하기 위한 새로운 연구 방법을 고민하게 되었다.

그에 따라 발전된 연구가 바로 '질적 연구'다. 질적 연구는 한 사람의 삶을 옆에서 관찰하면서 연구하거나, 주된 현상이나 반복되는 상황에 의문을 품고 해당 경험이 있는 집단을 인터뷰해 왜 그 현상이 일어나게 되었는지 등을 고찰하는 연구 방법이다. 그러다 보니 하나의 연구 사례가 다른 사례에 적용되기 힘들다. 즉 특정 사례에 대해서는 깊이 있게 연구할 수 있지만 사례나 집단이 달라지면 연구 결과도 달라질 수밖에 없다. 그래서 실증주의 개념을 바탕으로 양적 논문을 주로 쓰는 연구자들에게 많은 비판을 받기도 한다. 하지만 질적 연구 방법으로도 충분히 의미 있는 결과를 도출할 수 있다.

양적 연구로 학위논문을 쓸 때는 보편성을 지닌 연구 주제를 선정해 확장해야 하며, 그 주제가 지도교수님이나 선배들의 논문이면 좋다. 그래야 논문이 보편성을 갖추고 많은 사례에 적용할 수 있는 결과가 나올 가능성이 높기 때문이다.

일반적으로 질적 연구와 양적 연구의 방법은 다음과 같이 구분된다.

질적 연구와 양적 연구의 차이점

차원	질적 연구	양적 연구
의미	연구자의 직관적인 통찰로 사회·문화 현상의 의미를 해석하고 이해하려는 연구 방법	경험적 자료를 수집하고 계량화해 사회·문화 현상을 통계적으로 분석하는 연구 방법
목적	인간행동의 내면에 감추어진 느낌이나 동기, 신념과 관념을 보다 심층적으로 이해하기 위한 연구	인과관계, 일반적 법칙과 예언을 위한 통제를 탐색한다.
전제	자연현상과 사회·문화 현상은 본질적으로 다르지 않다고 전제한다. 자연과학적 연구 방법을 사회·문화 현상에 적용할 수 있다는 방법론적 일원론을 주장한다.	자연현상과 사회·문화 현상은 본질적으로 다르므로 자연과학적 연구 방법을 가치 함축적인 사회·문화 현상에 적용할 수 없다는 방법론적 이원론을 주장한다. 사회는 행위자에 의해 구성되며, 개인들은 지속적으로 상호작용을 한다고 전제한다.

차원	질적 연구	양적 연구
관점	연구하고자 하는 현상을 직접 경험했던 사람들을 관찰하고 면담하여 직접적인 경험을 하는 과정을 거친다.	외부인의 관점에서 바라본다. 즉 그 문제를 객관화해 외적으로, 혹은 실재 사실을 제3자의 입장에서 본다.
가치	총체적 관점을 얻기 위해서 연구 대상자가 탐구되어야 할 문제이면 무엇이든 연구한다.	미리 선택하고 정의한 변인을 연구한다.
절차	문제 인식→연구 설계→자료 수집→자료 처리 및 해석→결론 및 적용(귀납적 연구 방법)	문제 인식→가설 설정→연구 설계→자료 수집→자료 분석→가설 검증 → 결론 도출(연역적 연구 방법)
특징	대화록, 관찰 일지, 비공식적 문서 등의 자료를 활용한다. 주관적 의식에 대한 심층적 이해를 바탕으로 인간 행위의 동기와 의미를 중시한다.	추상적인 개념을 객관적인 관찰이 가능하도록 하는 개념의 조작적 정의 과정을 거친다. 경험적, 통계적 연구이며, 가설 검증 및 법칙 발견에 유리하다. 객관적이고 정밀한 연구가 가능하다.
자료	자료는 환경 속에 있는 사람의 지각으로, 인간의 마음속에 존재하는 전형적인 자연적 언어로 표현하고 보고되는 주관적 자료에 관심을 갖는다.	자료는 인간의 지각과는 독립되어 있다고 보며, 전형적으로 수량적 양식으로 표현되는 객관적 자료에 기반한다.
도구	인간은 일상생활 속의 사람들이 부여하는 의미를 파악할 수 있는 가장 훌륭한 도구로 본다. 연구자 자신을 도구로 활용한다.	미리 구성된 관찰 기록이나 지필식 검사, 그리고 질문지나 척도 등을 이용해 연구대상자로부터 동일한 방법을 이용해 동일한 자료를 동시에 수집할 수 있다.
결과	실제적이고 풍부한 심층적 자료를 얻기 위해 연구 설계와 절차에서 타당성을 강조한다.	엄격하고 반복 가능한 자료를 얻기 위한 실험설계화 절차에서 신뢰성을 강조한다.
한계	연구자의 주관적 가치 개입이 우려된다. 객관적인 법칙을 발견하여 일반화하기에 어려움이 있다.	계량화하기 어려운 영역의 연구에 부적합하다. 인간의 의식과 행위에 대한 깊이 있는 접근이 어렵다.

Royse(2004), 황성동(2009)과 Stainback&Stainback(1985)에서 일부 인용하고 재정리

공대나 의학 계열에서는 프로젝트를 정리해 학위논문으로 제출하는 경우도 있다. 일반적으로 양적 연구는 모집단 또는 표본집단을 확보할 수 있을 때 가장 적합한 연구 방법이다. 객관적인 연구이기에 통제적이고, 가설 검증적이고, 기술적인 면을 강조한다. 실험이나 구조화된 설문지로 자료를 수집한다. 객관적인 측면을 강조하기 때문에 메뉴얼이 마련되어 있어서 체계적인 조사가 가능하다. 따라서 누가 봐도 수긍 가능한 객관적이고 일반화할 수 있는 결과를 산출한다. 이론적으로 도출된 기대나 예측에 대한 검증도 할 수 있다.

하지만 양적 연구는 결과가 대부분 숫자로 나오기 때문에 구체적인 사례나 특이한 사례를 해석하기 어려운 측면이 있다. 연구의 결과를 수치화하는 과정에서 연구대상자의 행위의 의도나 의미를 사장시킬 가능성도 있다. 모든 결과를 계량화하려는 시도가 바탕에 깔려 있기 때문에 조작적으로 정의할 수 있거나 측정 가능한 자료만 보려고 하는 경향이 있어서 결과가 제한적이고 피상적일 수 있다.

반면 질적 연구는 관계의 의미를 해석하는 데 중점을 두는 방법으로, 귀납적이고 해석적인 조사 방법을 강조한다. 일반적으로 잘 알려지지 않은 주제에 대해서 탐색적 접근을 시도하고, 연구대상자의 생생한 경험을 심층적인 조사를 통해 이해하려는 연구 방법이다. 연구자 자신이 조사도구가 된다는 것이 특징이다. 일반적으로 작은 규모의 표본(대상자)을 선정해 자연스러운 상태의 생활환경을 관찰하고 연구한다. 따라서 주로 이야기 방식의 기술적인 묘사가 많다. 자료수집 방법으로는 관찰, 심층면접, 개인기록의 분석, 참여관찰, 포커스 그룹 인터뷰 등이 있다. 주로 어떤 주제나 인물들 사이의 관계, 일정한 패턴을 발견하는 것이 연구의 목적이다. 특정 사례에 대한 구체적인 인터뷰를 통해 깊이 있는 정보를 얻을 수 있다는 장점이 있으나, 주관적인 성향이 강해서 일반화를 하거나 효율성을 입증하기 어렵다는 단점이 있다.

논문 컨설팅이
꼭 필요할까?

대필과 컨설팅의 경계

지금 바로 인터넷을 열고 포털사이트에 '논문'이나 '논문 컨설팅'이라고 검색해보자. 아마도 수십 개의 사이트가 뜰 것이다. 상위에 노출된 몇몇 업체들을 클릭해보면 '99% 만족!' '98% 논문 통과 기록' '○○ 업체만의 노하우' 같은 문구로 뒤덮인 휘황찬란한 사이트로 연결된다. 논문 대필 문제는 어제오늘만의 문제가 아니다. 그런데 문제는 '논문 컨설팅'이라는 영역이 바로 '논문 대필'과 애매한 경계에 위치해 있다는 점이다. 그래서 직장과 대학원 생활을 병행하는 사람들이 쉽게 유혹에 넘어가게 된다.

물론 부정적인 측면만 있는 것은 아니다. 학교에서 제대로 된 논문 작성법을 배우지 못하는 경우가 의외로 많기 때문에 풀타임 학생이 아니라면 상대적으로 전문성이 떨어지는 경우가 있다. 마치 중고등학교에서도 공교육만으로 다 해결되지 않는 부분이 있는 것처럼 말이다. 중고등학생이 학원을 다니거나 과외를 통해서 부족한 부분을 보완하듯이 컨설팅 회사도 이러한 역할을 해줄 수 있다. 다만 문제는 논문을 작성하는 전체 과정을 맡겨버린다는 데 있다. 그리고 실제로 일부 컨설팅 업체들은 그런 직장인들의 심리를 이용해 상업적으로 접근한다.

학위논문 대필은 학문적 양심을 파는 범죄 행위다. 논문 대필이 적발되면 학위 수여를 비롯해 졸업과 취업 등이 취소될 뿐만 아니라 대필해준 사람과 대필을 의뢰한 사람 모두 형사처벌을 받는다. 연세대학교 법학전문대학원의 남형두 교수님이 저술한 『표절론』이라는 책에 잘 정리되어 있다. 지난 1999년 대법원이 논문 대필을 업무방해로 판결한 판결문에 "자료를 분석, 정리해 논문의 내용을 완성하는 일의 대부분을 타인에게 의존했다면 그 논문은 타인에 의해 대작된 것이라고 보아야 한다."라고 명시되어 있다.

논문 대필은 형법 제137조 위계에 의한 공무집행방해, 제314조 업무방해에 해당한다고 한다. 5년 이하의 징역 또는 1천만 원 이하의 벌금에 처하는 죄다. 또한 논문의 제목과 목차 설정, 논문 내용, 자료의 분석 및 정리 등 논문 대부분을 타인에게 의존해 작성하는 것은 업무방해에 해당한다는 대법원 판례(1996년)도 있다. 『표절론』에서는 "설문 항목 설계와 결과 분석은 작성자의 독창성이 개입되는 영역이므로, 이를 남에게 맡겨 작성한 논문은 해당 필자의 단독 저술로 보기 어렵다는 점에서 표절로 볼 수 있다.”라고 주장한다. 교육과학기술부는 2010년 6월 학위논문 대필 행태 근절을 위한 연구 윤리 강화 방안을 마련하고, 지도학생의 논문 대필이 적발되었을 때 지도교수가 도의적 책임을 지는 데 그치지 않고 해당 교수를 징계하거나 교수업적평가에 반영하는 학칙과 자체 규정을 두도록 대학 측에 권고한 바 있다.

컨설팅이 필요할 때가 있다

경우에 따라서는 컨설팅이 필요할 때도 있다. 졸업을 위한 학기가 부족해서 더 이상 연장이 안 되는 경우, 혹은 연구계획서 발표에 2~3번 실패해서 박사과정 이수를 거의 포기하게 되는 극단적인 상황일 때다. 이때는 컨설팅을 통해서라도 그동안 본인이 진행해왔던 방법들을 한번 객관적으로 검토받아보면 도움이 될 수도 있다. 그런데 이 경우에도 주의해야 할 것이 있다. 컨설팅을 ‘개인 과외’ 정도로만 생각해야 한다는 것이다.

하지만 사실 그 컨설팅의 영역은 바로 지도교수의 역할이라는 것을 알아두자. 학교에 등록금과 논문 지도비를 이미 지불했기에 논문을 검토받을 권리가 있다. 그러므로 가능한 상황에서는 본인이 어느 정도 준비를 마쳤다면 두려워하지 말고 교수님께 당당하게 물어봐도 좋다.

남형두 교수님은 『표절론』에서 "논문 작성 과정에서 연구자가 아닌 컨설턴트가 주도적 역할을 한다면 명백한 대필"이라고 정의했다. 그리고 "혹시나 대필까지는 안 했다고 해도 독창성과 객관성, 윤리성을 담보해야 하는 학위논문을 컨설팅을 명분으로 다른 사람이 실질적으로 써주는 행태는 연구 윤리상 금지해야 한다"고 주장했다. 독창성과 객관성과 윤리성을 망각한 채 공장에서 찍어낸 듯한 논문은 지도교수님이 아니더라도 논문심사위원회에서 발각될 가능성이 높다. 아니면 후에 비슷한 논문을 검색해 리뷰하는 과정에서 드러날 수 있으니 주의해야 한다. 컨설팅을 받을지 교수님의 도움을 받을지 선택하는 건 온전히 본인의 자유다. 다만 논문 컨설팅을 받는 경우 그것을 자신만의 스토리로 되새김질해서 본인의 노하우가 반영된 논문으로 만들어내야 한다는 것을 다시 한번 명심하자.

논문에 대한 통제성과 주체성은 반드시 저자에게 있어야 한다. 설문과 통계의 작성과 분석에 있어서도 본인이 책임져야 한다. 자신이 직접 수행하지 않고 제3자에게 의뢰한 경우 어느 선까지 의뢰했는지를 반드시 논문에 밝혀야 한다. 이 경우에도 이론적 배경과 통계 분석만큼은 스스로 공부해야 한다. 그래야 후에라도 논문과 관련된 도움을 요청할 때, 지도교수님과 논문에 대해서 이야기를 나눌 때, 그리고 논문 심사장에서 발표할 때 논문 내용을 제대로 전달할 수 있다.

아무리 컨설팅을 받는다고 해도, 결국 논문을 통과시켜주는 가장 큰 영향력은 바로 '지도교수님'께 있음을 잊어서는 안 된다. 연구 주제와 가설 선정, 연구 모형, 설문지 문항, 분석 방법 등을 정하는 모든 주체는 저자고, 그다음으로는 지도교수님이 결정적인 영향을 행사한다. 따라서 지도교수님의 의견을 전적으로 따르는 것이 중요하다.

IRB 심의
진행하는 과정

IRB 대상 여부 확인하기

학교나 기관에서 수행하는 연구 중에 인간을 대상으로 하는 연구의 경우 연구자가 아닌 제3자가 그 연구가 윤리적, 과학적으로 타당한지에 대해서 심의하고, 그 연구가 인간의 존엄성과 가치를 침해하거나 인체에 해를 끼치는 것을 방지해야 할 필요성이 있다. 피험자의 권리를 보호하고 그 연구가 안전하게 진행되는지 지속적으로 모니터링하기 위해 심의 기구를 필요로 하며 이 기관을 바로 IRB(Institutional Review Board), 즉 기관생명윤리위원회라고 한다.

의학의 경우 대부분의 연구가 인간을 대상으로 하는 연구이기에 보통 IRB의 심의를 받아서 진행해야 한다. 하지만 연구 윤리가 중요해지면서 의학뿐 아니라 사회과학 분야에서도 IRB 심의를 요구하는 경우가 늘어나고 있다. 학교 내에서도 자체적으로 IRB를 설치하는 수가 늘어나고 있다. 또 많은 학회에서는 「생명윤리 및 안전에 관한 법률」(약칭 「생명윤리법」, 2019. 10. 24. 시행, 법률 제16372호, 2019. 4. 23., 일부개정)에 의거해서 논문을 작성하고, IRB 심의를 받은 논문만 투고할 수 있도록 제시하기도 한다. 학계에서는 전공과 상관없이 IRB에 관한 관심이 높아지고 있는 상황이다.

2013년 2월 시행된 「생명윤리법」 제2조 제1호에 따르면 해당 법이 적용되는 연구를 "사람을 대상으로 물리적으로 개입하거나 의사소통, 대인 접촉 등의 상호작용을 통해 수행하는 연구, 또는 개인을 식별할 수 있는 정보를 이용하는 연구로서 보건복지부령으로 정하는 연구"로 정의하고 있다. 이 법이 적용되는 인간 대상 연구는 첫째, '사람을 대상으로 물리적으로 개입하는 연구'다. 연구대상자를 직접 조작하거나 연구대상자의 환경을 조작해 자료를 얻는 연구가 이에 해당한다. 둘째, '의사소통, 대인 접촉 등의 상호작용을 통해 수행하는 연구'다. 대면 설문조사나 연구대상자의 행동 관찰 등으로 자료를 얻는 연구는 IRB 승인을 받아야 한다. 셋째, '개인을 식별할 수 있는 정보를 이용하는 연구'다. 이는 연구자가 연구대상자 등을 직간접적으로 식별할 수 있는 정보를 이용하는 경우에 해당한다.

필자의 논문은 '의사소통, 대인 접촉 등의 상호작용을 통해 수행하는 연구'에 해당되었으며, 대면 설문조사와 연구대상자의 행동 관찰 모두를 사용했기 때문에 IRB 승인 절차를 밟아나갔다.

논문 윤리위원회 심의

실제로 게재된 학술논문이나 학위논문을 보면 '이 연구는 기관생명윤리위원회(IRB)의 심의를 통과한 논문임. (IRB 승인번호: ○○○○○○)'라는 문구를 발견할 수 있다. 2차 자료를 사용하는 경우가 아니고, 실험을 하거나 설문조사를 진행한 연구라면 IRB 승인을 진행하는 것을 추천한다. 대부분 대학교 내에 IRB 기관이 있으므로 소속된 학교 IRB에서 진행하면 되고, 만약 기관이 설립되어 있지 않다면, 보건복지부 지정 기관생명윤리위원회 정보포털(irb.or.kr)에서 진행하면 된다. IRB의 심의 절차는 다음 표와 같다.

이 절차는 기관생명윤리위원회 정보포털에도 나와 있다. 대학교를 포함한 기관 내 IRB와 국가 지정 IRB의 심의 절차는 동일하다. 심의 절차는 정규심의, 신속심의 그리고 심의면제 이렇게 세 가지로 구분되어 있다. '정규심의'는 심의 일정이 정해진 심의이고, '신속심의'는 정해진 심의 일정 이외에 상황에 맞춰 진행하는 심의다. '심의면제'의 경우는 일반 대중에게 공개된 정보를 이용하는 경우(2차 자료를 활용한 연구)나 개인식별정보를 수집 및 기록하지 않은 연구의 경우에 해당된다.

연구책임자는 IRB에 연구계획서 및 심의 의뢰서, 서약서와 IRB 교육이수증 등 관련 서류들을 제출해야 한다. 요즘은 대부분 온라인으로 받고 있으므로 제출하는 데 시간이 오래 걸리지 않는다. IRB 교육이수증 또한 온라인 교육기관이 많이 있으므로 제출 이전에 미리 수강하면 된다. 대개 한 달을 기준으로 책정이 되어 있는데, 제출

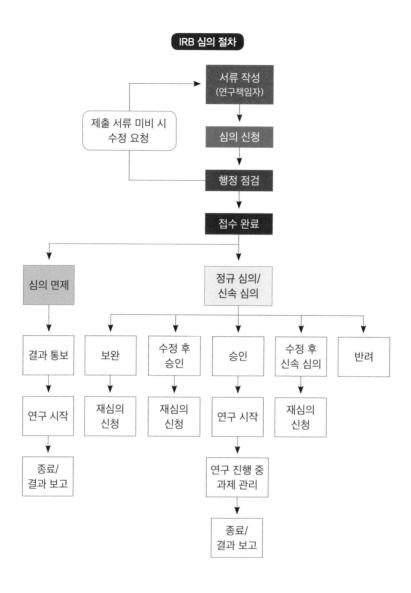

마감이 보통 정규심의 2주 전이다. IRB 위원회에서는 제출된 서류를 검토하고 정규심의를 할지 신속심의를 할지 결정한다. 심의위원들은 해당 심의에서 연구의 윤리성, 위험성 등을 평가하고 토론과 표결을 통해 심사 결과를 정한다. 심사 결과는 '승인, 시정 승인, 보완 후 재심의, 반려' 네 가지다. 승인을 받은 경우에는 바로 연구를 진행하면 되고, 시정 승인과 보완 후 재심의를 받은 경우에는 지적한 부분을 수정해 다시 제출해야 한다. 반려를 받은 경우에는 이의 제기를 통해 재심의를 신청할 수 있다.

IRB는 각 기관마다 조금씩 다르기는 하나 대략 한 달에 1회나 2회 진행한다. 서류 제출에서부터 승인까지 약 1~2개월 정도 소요된다. IRB 승인을 받아서 박사학위 논문을 진행해야 하는 경우 1~2개월이라는 기간은 결코 짧지 않다. 그러므로 연구 계획을 짤 때 이 기간까지 고려해야 한다. IRB를 신청하고 승인이 나지 않은 상태에서 연구를 시작하면, 최악의 경우 IRB 승인이 무효처리가 되어 연구로 인정받지 못하는 경우도 있다.

IRB 승인이 나면 연구자가 제출한 설문지와 실험 참여자 모집 공고문 등 연구 관련 서류에 승인 확인 도장을 찍어준다. 연구를 진행할 때 이 확인 도장이 있는 서류만 사용할 수 있다. 만약 설문지가 부족해 확인 도장이 없는 설문지를 연구 대상자들에게 돌리는 경우, 후에 결과보고서에서 그 설문지를 인정받지 못할 가능성이 크다.

논문심사위원은
어떻게 구성하는가?

논문심사위원회란?

논문심사위원회(Committee members, 보통 '커미티'라고 부르기도 한다)를 잘 구성하는 것도 졸업을 위한 하나의 전략이다. 물론 약간의 규칙은 있다. 학교마다 조금 다르긴 하지만, 필자의 경우에는 5명의 심사위원 중 2명은 외부 인사들로 구성할 수 있었다. 심사위원은 보통 해당 학교의 교수, 부교수, 박사학위를 소지한 조교수 및 그와 동등한 자격이 있는 외부인사로 구성된다. 필자는 처음부터 이 사실을 알고 있었기에 외부인사로 구성될 것을 전제로 미리 점찍어둔 교수님들의 수업을 청강하고 지속적으로 논문에 대한 의견을 구했다.

이 제도가 재밌는 점은 지도교수를 제외하고는 자신의 논문을 심사해줄 사람들을 자신이 직접 모집하는 제도라는 것이다. 그럼에도 불구하고 많은 박사학위 지원자들이 심사위원을 구성하고 관계를 유지하는 데 어려움을 느끼곤 한다. 본인이 선택해서 의뢰한 교수님이 막상 논문 최종 구술 시험에서 날카로운 질문들을 하는 경우가 많고, 때에 따라서는 구술 시험에서 불합격 판정을 내리는 경우도 비일비재하기 때문이다.

위촉된 심사위원들은 제출된 논문을 심사할 때 논문 제출자의 연구 태도, 논문 주제의 타당성, 연구 방법의 타당성, 연구 성과 등을 엄밀히 심사하게 된다. 혹시 논문에 대해서 수정이나 보완이 필요한 사항이 있다면 그 부분을 지적하고 당해 학기 내에 논문을 완성할 수 있을지 여부를 판정하게 된다. 혹시나 논문이 부실해 심사를 받은 학기 내에 완성 가능성이 없다고 판정될 때는 논문 심사를 1학기 이상 연기시키는 것이 일반적이다.

위원회 구성도 하나의 전략이다

이처럼 자신이 선택한 논문심사위원회에서도 논문이 통과되지 못할 수 있으므로 심사위원들을 구성할 때 처음부터 신중하게 선택해야 한다. 가장 중요한 것은 논문의 완성도다. 아무리 논문심사위원들과 개인적으로 친한 관계를 유지한다 하더라도 심사 대상 논문이 일정 수준 이상의 완성도를 지니지 못하면 오히려 교수님들의 입장이 곤란해지기 때문이다.

이러한 복잡한 관계가 얽혀 있으므로 다음 몇 가지 부분을 유념해서 논문심사위원회를 구성하자. 첫째, 무조건 나를 보호해줄 수 있는 위원회를 구성해야 한다. 너무나도 당연한 이야기이지만 인간적인 관계가 두텁고 나의 연구 주제, 학문적 배경을 이해해줄 수 있는 분을 위촉하는 것이 중요하다. 박사과정과 일을 동시에 진행했기에 그동안 얼마나 어렵게 논문을 작성했는지 대략적인 히스토리를 알고 있는 분이면 좋을 것이다. 완성도가 조금 떨어지는 논문이라면 이를 객관적으로 보완할 수 있는 심사위원이 필요하다.

둘째, 논문의 주제와 관련된 위원회를 구성해야 한다. 아무리 유명한 교수님이나 친한 교수님이라 할지라도, 논문 주제와 관련해서 적절한 의견을 제시해주기 어려운 심사위원은 논문의 완성도에 도움을 줄 수 없다.

필자의 경우에는 학칙에 따라 논문심사위원장이 지도교수님이셨다. 지도교수님을 제외하고는 어떤 분에게 의뢰드릴 것인지 처음부터 지도교수님과 함께 의논했다. 전체 논문을 아우르는 질적 연구 방법과 양적 연구 방법을 통합할 방법론을 검토해주실 교수님, 기업회생 부분을 검토해주실 외부 교수님, 그리고 협상 부분을 검토해주실 외부 교수님, 경영학적인 측면에서의 전반적인 수준을 가늠해주실 수 있는 교수님으로 구성했다. 이렇듯 다섯 분이 서로 다 아는 관계가 아니더라도 논문의 주제에 대해서 의견을 함께 나눌 수 있는 사람들로 구성하는 것을 추천한다.

위원회 구성을 마친 후 해야 할 일

위원회 구성을 마쳤다면 그다음으로는 효과적인 커뮤니케이션 방식에 대해 고민해야 한다. 일정과 관련한 간단한 소식을 알려드리는 것부터 논문 집필 중 생기는 질문 등에 대해 답변을 받을 수 있는 창구를 마련하라는 뜻이다. 교수님에 따라서 이메일로 연락하는 것을 선호하는 분도 계시지만, 카카오톡 같은 메신저로 즉각적으로 연락하는 것을 선호하시는 분도 있다. 물론 이는 개인의 성향에 따라 다르므로 소통 방식을 미리 협의한 후 그에 맞게 연락하는 것이 좋다.

비교적 중요한 사항, 예를 들면 완성된 논문이나 그 이전 단계에서 검토할 내용을 보내드리는 것처럼 시간이 많이 걸리는 부분은 이메일로 연락드리고, 간단한 질문 같은 것은 메신저로 연락드리는 것도 고려해볼 만하다. 다만 메신저로 연락드리기 이전에 반드시 교수님들의 의견을 여쭈어보는 것이 좋다. 이메일을 통해 연락드릴 때는 가능하다면 전달 사항을 심사위원 모든 분과 함께 공유하기 위해 단체로 CC(참조)를 해서 보내는 것도 한 방법이다. 비록 교수님들께서 미처 확인을 다 하지 못하시더라도, 지속적으로 논문이 진행되고 있다는 간접적인 알림 효과도 있기 때문이다. 특정 교수님이 봐주셔야 하는 이메일의 경우에는 '○○○ 교수님께'라고 제목에 넣어 이메일을 보내야 확인하시기에 편할 것이다. 그리고 1~2일 이내에 답변이 없으면 메신저나 문자로 다시 연락을 드려서 차질 없이 진행되도록 해야 한다.

논문을 작성할 때는 5명의 심사위원들을 늘 염두에 두고 작성해야 한다. 교수님들은 각자 해당 분야의 전문가들이므로 하나의 논문을 두고 다양한 의견이 나올 수밖에 없다. 논문을 쓰는 스타일도 다 다르다. 모든 교수님들을 100% 만족시킬 순 없다. 그러니 각 교수님마다 가중치를 두고 필요한 부분만 수정하거나 보완하면 된다. 지도교수님의 지도에 절반 이상의 가중치를 두면 된다. 각 교수님들에게는 논문을 쓰는 중간중간에 보고를 하는 것이 좋다. 특히 사회과학의 경우 설문지 문항이나 기본적인 통계 결과물들을 미리미리 모든 심사위원회 교수님들께 전달하는 것도 하나의 방법이다. 가장 문제가 되는 것은 아무런 기별도 없다가 막바지가 되어서야 교수님들에게 연락해 논문을 보여드리는 경우다. 이럴 경우 논문을 수정하기에 일정이 빡빡해 난관에 봉착하게 된다. 이러한 상황에서 리스크는 결국 본인이 져야 한다. 그러니 미리 연락을 드려서 수정사항이 있으면 그때그때 보완하는게 가장 좋다.

혹자는 이런 질문을 할 수 있을 것이다. "직장을 다니면서 준비하는데 어떻게 모든 교수님들에게 미리 연락을 드릴 수 있죠? 직접 만나 뵙고 이야기하다 보면 하루가 그냥 홀랑 다 가버리더라고요." 이런 사람들을 위해서 화상회의를 추천한다. 코로나19로 인해서 학교의 모든 시스템이 온라인 강의 형태로 바뀌었다. 이제는 오히려 교수님들께서 대면 미팅을 꺼리실지도 모른다. 급한 일이 생기면 하루 전에 연락해 화상회의로 미팅을 진행할 수 있는지 부탁드려보자. 중요한 것은 적극적으로 소통하려는 태도다.

논문 대면심사
준비하기

이제 정말 마지막이다. 그동안 준비한 모든 것들을 이제 쏟아놓을 때다. 오늘을 위해 얼마나 많은 밤들을 새웠는가. 직장에서 눈치 보고, 가족들에게는 미안해했었던 지난 날들을 떠올려보라.

학교마다 다르지만 3심 제도를 운영하는 곳이 대부분이고, 간혹 단심으로 운영하는 학교도 있다. 5명의 논문심사위원들 앞에서 그간 준비했던 것 이상을 보여주어야 한다. 사실 나의 논문에 대해서 가장 잘 아시는 분은 지도교수님이다. 다른 심사위원들은 논문을 세밀하게 읽기보다는 큰 틀에서 파악하는 경우가 대부분이다. 지도교수님을 제외한 다른 심사위원들은 논문의 주제가 무엇인지, 그리고 논문에서 사용된 모델이 무엇인지, 그리고 이런 모델을 이용해서 어떤 방법론을 이용해 진행했고, 그 방법론이 올바르게 적용되었는지 등 커다란 틀만 보고 심사에 임하시는 경우가 대부분이다.

그래서 처음에 논문에 대해서 발표할 때는 이 점을 유념해서 너무 자세한 사항보다는 큰 틀을 중심으로 발표하는 것이 중요하다. 이렇게 큰 관점에서 발표를 하면, 심사위원들은 본인이 생각했던 부분과 차이가 있는지 여부를 파악한다. 이때 학생과 심사위원들 간의 생각의 간극을 얼마나 줄일 수 있는지가 심사의 성공 여부를 좌우한다. 따라서 논문이 어느 정도 완성되었으면, 사전에 심사위원들을 찾아다니면서 개별적으로 본인의 논문에 대해서 설명을 드리고 조언을 구하는 것이 좋다. 혹시나 이미 논문에 적용한 방법론을 가지고 심사위원들 사이에 의견이 갈리는 등의 위험 요소를 미연에 차단하기 위함이다. 사전에 조율하는 과정에서 교수님들과의 의견 차이가 있다면 조심스럽게 의견을 전달하는 것도 중요하다. 혹시나 심사하는 당일에 합치되지 않는 의견을 발견한다면, 다음 논문 심사를 위해 한 학기를 기다려야 하는 수도 있다.

연습, 연습 또 연습

보통 논문 심사에서는 프레젠테이션을 하기도 하는데, 가능하다면 이때 파워포인트를 준비해 발표하는 것을 추천하고 싶다. 이는 그간의 결실을 보여주는 중요한 자리이기 때문에 정성을 보여야 하고, 더불어 아무래도 영상물이 있으면 심사위원들도 이해하기 쉽고 불

필요한 논의를 할 시간을 절약할 수 있기 때문이다.

필자가 속해 있던 국제학대학원 수업은 모두 영어로 진행되었기 때문에 약 한 달 전부터 영어로 된 자료를 만들기 시작했고, 각 슬라이드에서 무엇을 어떻게 이야기해야 하는지 대본을 작성했다. 출근길과 퇴근길 그리고 점심시간을 이용해서 틈나는 대로 중얼중얼거리며 연습했다. 단어나 문장이 입에 잘 붙지 않는 경우에는 수시로 발음해보며 내용을 수정했고, 심사 막바지에 가서는 이 대본을 꿈에서도 중얼거릴 정도였다. 사전에 논문 가제본을 만들어 각 교수님께 개별적으로 전달했고 간단한 설명도 드렸다. 그리고 예상 질문들을 뽑아서 이에 대한 답변도 성실하게 외웠다.

심사 당일에는 가장 좋은 양복을 입고 가장 좋은 넥타이를 매고 현장으로 향했다. 각 심사위원들 자리 앞에 명찰을 만들어 세워놓았고, 간단한 메모를 할 수 있는 노트와 필기구도 비치했다. 그리고 물과 종이컵도 비치하는 등 정성을 다해서 준비했다는 분위기를 냈다. 2시간 전에 현장에 도착해서 컴퓨터에서 파워포인트가 제대로 작동되는지 미리 체크했으며, 마이크 테스트는 물론이고 빔 포인터도 준비해 프로페셔널하게 보이도록 했다. 혹시 모를 사태에 대비해 관리실에 문의해 여유분의 마이크도 준비해두었다. 막상 다 준비를 하고 나니 떨리지도 않았다.

김순선

★ ★ ★ ★ ★

60세,
중앙대학교 정책학 박사(2008년 졸업),
現 한국전자통신연구원 연구원

Q 현재 소속과 하시는 일을 간단히 소개해주세요.

A 한국전자통신연구원에서 연구원으로 근무하고 있습니다. 연구관리와 인력
개발 등의 업무를 십수 년간 해왔으며, 최근에는 은퇴를 앞두고 시설관리
등의 업무를 수행하고 있습니다.

Q 입학하신 학교와 전공을 알려주세요.

A 중앙대학교에서 정책학을 전공했습니다. 혹시나 정책학이 무슨 학문인지
잘 모르시는 분들은 제 박사학위 논문 제목을 보시면 감이 올 거라 생각합
니다. 「상용화 정책 관련 기관들에 대한 조직 메타포 탐색:조직구성원의
언어 분석 사례를 중심으로」입니다.

Q   박사과정에 언제 입학하셨고, 언제 졸업하셨나요?

A   2003년 3월에 입학했고, 2008년 8월에 졸업했습니다.

Q   처음에 왜 박사과정을 지원하게 되셨는지요?

A   제가 몸담고 있는 한국전자통신연구원은 대덕연구단지 내 정부출연연구기
관으로, 정보통신 분야의 과학기술을 개발하는 것을 주요 목표로 합니다.
우리나라의 전전자 교환기, 반도체 그리고 스마트폰 개발의 산실이 바로
이곳입니다. 과학기술에 대한 연구개발뿐만 아니라 연구개발 프로세스를
연구하기도 하고, 그 기술의 사회적 쓰임에 대해서 분석하기도 합니다.
최근에는 기술의 상용화 문제를 집중적으로 모색하고 있습니다. 나아가 이
사회에 어떤 기술이 요구되는지 살피기도 하죠. 이러한 추세에 맞추어 연
구관리도 발전할 수밖에 없습니다. 이런 대내외적인 환경에 보조를 맞추기
위해서는 연구개발 및 기술 상용화에 대해 체계적으로 공부할 필요가 있다
고 느껴 박사과정을 지원하게 되었습니다.

Q   박사논문 주제는 어떻게 선정하셨나요?

A   사실 저는 공학보다는 문학에 관심을 많이 가지고 있었습니다. 그래서 언
어학을 이용해 박사논문을 썼습니다. 지도교수님의 수업을 듣는 과정에서
'조직 메타포'라는 개념에 대해 알게 되었습니다. '메타포'란 '은유'라고도
할 수 있는데, 즉 아직 정립되어 있지 않거나 쉽사리 이해되지 않는 개념을
쉽게 이해하고 상상할 수 있도록 일상의 구체적인 사물을 통해 드러내는
것입니다. 조직 메타포란 조직을 은유적으로 바라본 것인데, 저로서는 처
음 접할 때부터 새롭고 신선한 개념이라고 생각했습니다. 이후에 '시스템
다이내믹 이론' 수업을 통해서 논리의 전개를 도식으로 표현할 수 있는 방
법이 있다는 것을 알게 되었고, 사실과 사실의 상호연관성을 눈으로 확인

할 수 있게 되었습니다. 이 과정을 하나하나 깨달아가는 것이 박사과정에서 거둔 수확이라고 생각합니다.

Q 박사학위 취득이 박사님의 삶에 어떤 영향을 주었나요?

A 저희 회사에 근무하는 대부분의 연구원은 박사학위가 있는 분들이라 사실 저에게는 박사학위가 큰 의미는 없습니다. (웃음) 그저 다른 사람들보다 뒤떨어지지 않았다는 걸 느끼는 계기 정도였습니다. 매일 과학기술 연구자들과 대화하는 과정에서 관련 내용을 어렵지 않게 이해할 수 있다는 자신감은 업무에 많은 도움이 되었습니다. 그리고 과학을 철학적으로 바라볼 수 있다는 점, 즉 과학자의 기본 자세와 그 심리구조를 알 수 있다는 점도 만족스러운 변화입니다. 연구원 전체 경영이나, 연구개발 시스템 구조, 연구원과 정부기관의 관계 등에 대해 남들과 다른 시각에서 바라볼 수 있게 된 것도 커다란 수확이라고 할 수 있습니다.

Q 일하면서 박사학위를 준비하는 후배들에게 해주고 싶은 조언이 있나요?

A 학위는 특별히 무언가를 준비한다고 되는 것은 아닌 것 같습니다. 평소 자신의 업무를 수행하면서 문제점과 개선점을 정확하게 파악하고 이를 가능한 한 구조적으로 이해하려는 습관을 들여보세요. 그러다 보면 박사과정에서도 어떤 분야를 깊이 있게 들여다봐야 할지 눈에 들어올 것이라고 생각합니다.

Q 일을 병행하시면서도 박사학위를 비교적 단기간에 취득하셨어요. 혹시 어떤 노하우가 있나요?

A 하하, 노하우요? 음, 수업에 참여하면서 틈틈이 2~3년에 걸쳐 신문이나

인터넷 사설, 정부기관이나 정부출연기관의 기관장 취임사나 신년사 등을 점검해 언어 분석을 충실히 했던 점을 들 수 있겠습니다. '논문의 주제는 무엇을 할까?' '내용은 어떤 것을 넣을까?'에 대해서도 매일 생각했던 것 같습니다. 방대한 자료를 시스템 개념으로 나름대로 분류해 각각의 내용을 코드화해 정리한 것도 비교적 단기간에 학위를 마칠 수 있었던 노하우가 아닌가 합니다. 평소 관심 분야에 대한 자료를 충실하게 모으고, 이를 또 정리해 논하고자 하는 바의 근거 자료로 삼았던 노력이 아마도 좋은 결실로 이어진 것 같습니다.

김진혁

★ ★ ★ ★ ★

54세,
숭실대학교 평생교육학 박사(2013년 취득),
現 밸류스퀘어 대표,
現 한양대학교 상담심리대학원 겸임교수, 한국인력개발학회 이사,
서울평생교육연합 감사, 한국감사협회 부회장

Q 현재 소속과 하시는 일을 간단히 소개해주세요.

A 현재 밸류스퀘어 대표로 있으면서, 한양대학교 상담심리대학원 겸임교수
로 한양대에 출강하고 있습니다. 해표유니레버와 흑자경영연구소에서 일
하다 삼일회계법인에 마지막으로 몸담았고, 현재는 기업체를 대상으로 강
의를 하고 있습니다. 리더십과 협상 및 커뮤니케이션을 강의하고 있으며,
심리 분야에서 주 관심 분야는 교류분석입니다.

Q 입학하신 학교와 전공을 알려주세요.

A 숭실대학교 대학원 평생교육학과에서 평생교육학 박사학위를 취득했습
니다.

Q 박사과정에 언제 입학하셨고, 언제 졸업하셨나요?

A 2009년 3월에 숭실대학교에 입학했고, 졸업은 2013년 2월에 했습니다.

Q 박사과정을 시작하게 되신 동기가 궁금합니다.

A 석사학위를 취득하고 난 후에 조금씩 공부에 취미가 붙기 시작했다고나 할까요? 기업체를 대상으로 강의하는 데는 사실 석사학위 정도면 충분했습니다. 그런데 석사학위를 취득하는 과정에서 박사논문을 많이 읽었는데, 논문을 읽으며 '박사도 별것이 아니구나.' 하는 생각이 들었습니다. (웃음) 그래서 석사학위를 취득한 다음 학기에 박사과정에 바로 입학했습니다.

Q 박사과정을 하시면서 중요하게 생각했던 부분이 있나요?

A 무엇을 하든지 하나를 얻으려면 다른 것을 포기해야 한다는 생각을 하고 있습니다. 재화는 유한하니까요. 돌이켜보면 코스워크를 밟는 동안 단 한 번도 결석한 적이 없었습니다. 다만 제주도 강의를 마치고 올라오는 과정에서 차가 많이 막혀 딱 한 번 지각을 한 적은 있습니다. 평생교육학회, 성인교육학회, 평생교육-HRD연구소 등 지도교수님이 추천해주신 모든 학회에 빠짐없이 참석했고, 학회 내 모임도 성실히 참석했습니다. 이런 활동들이 언젠가 저 자신에게 도움이 될 거라 생각했고, 또 학문적으로도 성장하는 데 큰 역할을 했다고 생각합니다.

Q 박사학위 취득이 박사님의 삶에 어떤 영향을 주었나요?

A 박사학위를 취득한 것은 무엇을 소유했다는 의미가 아니라, 나름대로 어떤 프로젝트든 맡아 처음부터 끝까지 혼자 총괄할 수 있는 자격을 얻은 것이라고 생각합니다. 결국 학위를 취득하는 것 자체보다는 그것을 얼마나 더 잘 활용하는지, 프로젝트를 잘 이끌어나갈 수 있는지가 더 중요하다고 봅

니다. 박사과정을 통해서 기존에 생각하던 패턴을 한 번 더 다르게 고민하고 사고하는 습관이 생겼다고 할까요? 현상을 있는 그대로 받아들이기보다는 끊임없이 의심하고 객관화하려고 노력하는 습관이 자연스럽게 몸에 밴 것 같습니다.

Q **일하면서 박사학위를 준비하는 후배들에게 해주실 조언이 있나요?**

A 박사를 공부하는 분들 중에 열등의식을 해소하고자 공부를 하는 사람을 많이 보았습니다. 물론 이것도 하나의 동기가 될 수 있겠지만, 그런 동기는 또 다른 사람들의 위에 서겠다는 서열 문화에서 비롯되거나 혹은 자랑거리를 만들어 자기만족을 채우려는 것일 뿐 그 이상은 아니라고 생각합니다. 물론 학위를 받고 나서 달라지는 점도 많기에 공부하는 것 자체를 반대하지는 않지만, 단순히 그런 이유로 공부하는 사람은 또 다른 사람에게 피해만 줄 뿐이라고 생각합니다. 자신이 호기심을 가졌던 분야에 대해 좀 더 꼼꼼히 살펴보고, 커다란 집을 짓는 가운데 벽돌 하나를 얹어 놓는다는 생각으로 공부하시길 바랍니다.

하나 더 말씀드리면 지식을 많이 습득했다고 해서 '유식'해지는 건 아니라고 생각합니다. 학위가 없어도 자신이 가진 지식이나 경험을 논하고 주고받을 수 있다면, 그 사람은 이미 유식한 사람이며 박사학위를 받은 사람보다 더 나은 사람이라고 인정합니다. 반면 박사학위를 취득했지만 다른 이의 사고나 노력을 인정하지 않는다면, 학위는 있지만 과연 그만한 자격이 있는가 하는 의심을 받게 될 것입니다.

6장 박사학위 취득,

그 이후의 삶

박사 후 우울증
(Postdoc blues)

박사학위 심사가 끝나면, 논문 공개심사에서 나온 수정 사항과 보충할 내용들을 적용하고 확인하는 작업을 거친다. 논문 완성본 전자파일을 일정 기간 안에 업로드하고 제본한 논문을 도서관에 제출하는 것으로 모든 과정이 마무리된다. 이 과정을 모두 마쳤다면 아마도 이런 생각이 들 것이다. '이거 진짜 끝인가?'

며칠 동안은 정말 졸업을 한 것인지 아닌지 얼떨떨할 것이다. 지도교수님께 연락을 드려야 할 것도 같고, 동기들에게 무언가 부탁을 해야 할 것도 같다. 그러나 이젠 정말 모든 과정이 끝났으므로 그럴 필요가 없다. 어느새 일상이 되어버린 논문 작업이 끝나면 그 공백에 '허무함'이라는 감정이 찾아든다. 나도 모르는 사이에 감정이 과

잉 표출되거나 우울해지기도 한다. 그리고 알 수 없는 회의감에 사로잡히게 된다. '내가 과연 무엇을 위해 그 힘든 시간을 버틴 걸까.'라는 생각이 든다.

학교에 처음 입학했을 때는 교수가 되어야겠다거나 학문의 길을 가야겠다는 꿈을 품었을지도 모른다. 그러나 직장과 병행하다 보니 시간이 지날수록 그냥 앞만 보며 논문과 씨름하는 '기계'로 전락한 듯한 느낌을 받았을 것이다. '나는 박사를 할 깜냥까지는 아니었나 보다.' '내가 무엇을 위해 여기까지 달려왔지?' 하는 회의감에 사로잡힌 자신의 모습이 한심하기까지 하다.

박사 후 우울증은 이렇듯 학위 하나만 바라보고 몰두하던 사람이 극도의 신체적, 정서적 피로를 느끼고 무기력증이나 자기혐오 등에 빠지는 것을 말한다. 어떤 일에 불타오르듯 집중하다 갑자기 불이 꺼진 듯 무기력해지면서 업무에 적응하지 못하고 직무를 거부하는 증상도 보인다.

필자의 경우에는 거의 15년 넘게 지속되어온 학생 신분에서 벗어나는 것이 쉽지 않았다. 게다가 코로나 19로 졸업식도 취소되는 바람에 졸업을 했다는 기분을 내기도 어려운 상태였다. 이러한 허무함은 약 6개월 정도 지속되었다. 무언가에 집중할 수도 없었다. 생산적인 일을 하며 허무한 마음을 승화시키고자 했지만 그것도 그리 쉽지 않았다.

가만히 생각해보니 이런 마음이 드는 건 박사학위 취득 후에도 변하지 않는 현실 때문인 것 같았다. 무언가 대단하게 변할 것이라 기대하지는 않았지만, 그래도 아무것도 바뀐 것이 없다는 느낌을 받았을 때 내가 그동안 무얼 위해 이렇게 쉼 없이 달려왔나 싶었다. 선배들에게 이러한 이야기를 했더니 다들 이구동성으로 '박사 후 우울증(Postdoc blue)'의 전형적인 증상이라고 했다.

한 정신과 의사는 이 증상에 대해 "박사학위가 개인과 사회의 기대 수준을 충족하지 못하기 때문에 생기는 것"이라는 말을 했다. 간절히 원해왔던 박사학위인데 막상 취득하고 보니 바뀐 것 없이 같은 날들이 반복되고, 성취감과 이상 그 어느 것도 충족시키지 못했기 때문이라는 것이다. 즉 '노오력'으로 버텨왔던 일을 끝마쳤으나 현실은 바뀌지 않고 이전과 같을 때 느끼는 감정이다. 이때 현실을 받아들이는 수행의 수준은 크게 감소하게 된다. 그리고 하얗게 불타 무기력한 탈진 단계에 접어들기도 한다.

박사 후 우울증을 극복하려면

그래도 직장을 다니면서 박사학위를 딴 사람들은 속해 있는 직장이 있으니까 그나마 낫다. 전문가들은 박사 후 우울증을 극복하기 위해서는 '스스로의 삶을 직무와 분리시킬 수 있는 태도'가 필요하다고 말한다. 되도록 일과 여가의 균형을 잘 맞추는 게 좋으며, 부서 이동 등을 통해 업무 환경을 바꿔보는 것도 도움이 된다고 한다. 또한 박사학위를 취득했다는 사실을 회사나 동료들에게 알리고 변화를 모색하는 것도 좋다. 단, 변화를 모색할 때도 목표나 이상을 너무 높게 잡거나 지나친 오버페이스는 경계하는 편이 좋다. 열정을 지속하는 건 개인의 자유지만, 직장 생활은 언제나 멀리 보아야 한다는 점을 기억하자.

정신적 체력 조절을 위해서 직장에서 어떻게 멘탈을 부여잡을지는 각자 고민하는 수밖에 없다. 이때 주어진 여건 내에서 변화를 모색해보는 건 어떨까? 때로는 부하직원의 일을 돕기도 하고 다른 부서의 일에 관심을 가져보는 것도 좋다. 적당한 휴식을 취하고 페이스를 유지하면서 현명한 방법으로 감정을 다스려보자.

필자는 이런 우울한 감정을 다른 사람들도 이미 겪었었다는 사실에 약간의 위안을 받았다. 박사학위를 취득했다고 해서 세상이 갑자기 달라지는 것은 아니지만, 그렇다고 손 놓고 가만히 있으면 안 될 것 같았다. 당장 논문에 도움을 주신 분들에게 감사 인사부터 드리러 다녔다. 특히 설문지에 성실히 답변을 해준 그룹 멤버들을 찾아 인사를 드렸고, 논문에 대해서 설명을 드리기도 했다. 나아가서는 논문에 인용한 학술지의 해당 교수님들에게 이메일을 보내 인용 문구와 함께 논문 전체를 송부하기도 했다. 그런데 이 작은 행동에 몇몇 교수님들은 관심을 보여주시며 함께 연구해보는 것이 어떠냐는 제안을 보내오시기도 했다. 나의 논문으로 인해 작지만 조금씩 무언가 움직이고 있는 것 같았다.

직장을 다니며 박사를 취득한 사람은 되도록 빨리 일상으로 돌아가는 것이 목표임을 알아야 한다. 그리고 본인이 쓴 논문을 가지고 무엇을 할지는 일상으로 돌아간 후 결정해도 늦지 않다. 너무 일찍부터 '나는 이것을 해야지, 저것을 해야지.' 하고 결정을 해버리면 막상 졸업 이후에 더 큰 허무함을 느낄 수도 있다. 그러니 현 시점에서

할 수 있는 가장 작은 것부터 실천해보자. 당장 눈에 보이진 않아도 이미 작은 변화가 시작되고 있는지 모른다.

학술지에
후속논문 발표하기

그간의 성과물 정리하는 법

공직자 청문회에서 단골로 등장하는 것이 있다. 바로 학위논문과 후
속으로 발표한 학술지논문의 '자기표절' 문제다. 박사학위 취득 후에
박사학위 논문을 토대로 새로운 논문을 써서 발표하는 것은 학계의
관행이다. 박사학위 논문을 그냥 박사학위 논문으로 두는 것이 옳을
까? 아니면 재정리해 학술지에 발표하는 것이 맞을까? 학술지에 발
표할 경우 자기표절 문제가 있지는 않을까? 그렇다면 자기표절의
기준은 무엇일까?

서울시립대학교 생명과학과 황은성 교수님과 서울대학교 농생명

공학부 임정묵 교수님이 2014년에 작성한 '이공계 연구윤리 및 출판윤리 매뉴얼'의 36페이지에는 박사학위 논문을 정리해 학술지에 게재하는 것에 대해 다음과 같이 기술되어 있다.

학생이 힘들여 연구해 작성한 학위논문은 국내외를 불문하고 많은 사람들이 읽는 편은 아니다. 그러나 학위과정에서 생산된 정보는 peer review의 절차를 거쳐서 보다 정제되고 보강이 이루어진 후, 학계의 학자들에게 전파되어 그 중요성과 타당성을 인정받을 수 있게끔 되어야 한다. 따라서 학위논문을 학술지논문으로 발표하는 행위는 매우 장려되어야 할 학자들의 중요한 학문 활동인 것이다. 인문학자들은 절반 이상이 학위논문과 학술지논문 간의 중복을 부정행위라 생각하는데, 대체로 문학, 사학, 철학 분야에서의 글쓰기 과정은 개인사유의 중요성과 독창성을 강조하는 전통을 가지기 때문이다. 한편, 박기범에 의하면, 학위논문과 학술지논문 간의 중복에 대해 이공학 분야 교수의 약 1/4은 이를 부정행위로 보고 있다. 이는 아마도 인문학에서의 견해가 우리 학계를 강하게 지배했던 까닭일 것이다. 아직도 이러한 견해를 그대로 받아들이는 것은 현대 이공계 연구가 협력연구라는 점을 제대로 인식하지 못한 잘못된 인식이다.

앞서 5장에서 소개한 남형두 교수님의 『표절론』을 보면 자신의 박사학위 논문을 심화·발전시켜 새로운 연구논문을 발표하는 경우 자기표절이나 중복게재 논문으로 볼 것인지에 관한 논란에 대해서 다음과 같이 기술했다.

이와 같이 가려보지 않고 박사학위 논문을 발전시켜 일반논문으로 발표하는 것에 대해 무조건 자기표절이라고 비난한다면, 박사학위를 취득한 사람은 자신의 학위논문과 같은 주제로는 학문연구를 하지 말라는 것이나 다름없다. 자기표절을 피하기 위해서는 박사학위 논문 주제로 삼은 전공이나 주제와 다른 논문을 써야 하므로, 박사학위가 없는 사람이 학문 연구를 위해서는 더 좋은 위치에 있게 되는 기이한 결과를 낳는다. 표절 논의의 목적이 종국적으로 학문 발전에 있는데, 위와 같은 결과는 오히려 학문의 심화과정이라는 자연스러운 학문풍토를 저해하게 된다는 점에서 부당하다. (p.442)

박사학위를 받은 학자들이 이어서 후속논문을 내는 경우 그것을 자기표절 또는 중복게재 논문으로 볼 것인가 아닌가에 대해 논란이 있다. 일반적으로 박사학위를 받은 학자들이 이어서 후속논문을 내는 경우 중복성의 문제를 피하기 어렵기 때문이다.

실제로 이에 대한 법원의 판례도 있다. 법원에서는 이 판결을 통해 후속논문을 단순하게 '자기표절'로 보지 않고, 오히려 '학문의 심화과정'으로서 학계의 자연스러운 일로 인정했다. 그리고 중복 여부를 판단할 때는 새로 쓴 논문에 기존 박사학위 논문에 없었던 독자적인 주제와 논점이 존재하는지를 중요하게 보았다. 그러므로 박사학위 논문을 그대로 요약해 학술지에 싣는 것은 문제의 소지가 있다. 이에 대해 남형두 교수님은 다음과 같이 말한다.

자기표절에 대한 비난 가능성의 초점은 선행논문(박사학위 논문)과

(새롭게 발표한 후속 학술지논문이) 얼마나 많이 중복되는가(a/B의 비율)에 있는 것이 아니라 선행 논문에 없는 것(b부분)이 얼마나 독창적이고 그 분야에 기여할 만한 것인가에 있다. 어떤 논문이든지 이미 발표된 것이라는 특별한 주석이 없으면 독자들은 당연히 새로운 논문으로 인식한다. 그 이면에 '창의성의 기대'가 전제되어 있기 때문이다. b부분이 새롭고 창의적인 것으로 해당 분야에서 의미가 있다면, a/B 비율이 아무리 높다 하더라도 자기표절 논문을 비난할 수 없다. 반대로 b부분이 특별한 의미를 가질 수 없다면, 후행논문(B)은 독자의 창의성에 대한 기대를 저버린 것으로서 비난받아 마땅하다. (p.443)

정리하면 박사과정 학생이 힘들여 연구해 작성한 학위논문은 해당 학계의 학자들에게 전파되어 그 중요성과 타당성을 인정받을 수 있게끔 되어야 하며, 따라서 학위논문을 학술지논문으로 발표하는 행위는 장려되어야 한다는 것이다. 이는 중요한 학문 활동이기 때문이다. 다만 학술지논문을 표절 검사 프로그램에 돌려서 단순하게 '몇 % 표절'인지 비교하는 행위는 지양해야 한다. 이는 자기표절에 대한 이해가 낮다는 것을 드러내는 일이다. 학위논문과 후에 발표된 학술지논문이 설사 같은 부분이 있더라도, 선행논문에는 없지만 후행논문에 있는 부분(b)이 얼마나 독창적이고 가치가 있느냐를 따져야 한다는 이야기다.

이런 민감한 문제들을 한번에 정리하는 최고의 방법이 있다. 바로 '지도교수님과 함께 상의하는 것'이다. 박사학위를 마치고 졸업식을 했더라도 지도교수님과의 관계가 끝나는 것이 아니다. 학위 취득 이후에 후속논문을 쓸 때까지도 그 관계를 잘 이어나가야 한다는 말이다. 학위논문을 쓸 때부터 어느 학술지에 어떻게 접근할지를 미리 교수님과 상의해봐도 좋을 것이다.

제1저자
논란 방지하기

저자 순서를 미리 정해라

저자 순서를 결정하는 것은 복잡하고 예민한 문제일 수 있다. 그러므로 연구자가 연구 과정 초기에 저자 순서를 미리 정해놓기를 권한다. 저자 순서를 결정할 때는 논문이 작성될 때까지 기다리지 말고 초반에 정하고 진행하는 것이 좋다. 참여한 모든 저자들에게 투고 전에 저자 목록에 대해 동의를 받아야 한다. 저자 목록에 누가 포함되고 어떤 순서로 등재되는지에 대한 의견 차이로 투고 자체가 연기될 수도 있기 때문이다. 또한 저자와 관련한 사항을 정기적으로 다시 검토하는 것도 분쟁을 방지하는 방법이다. 저자로 참여한 모든 사람들이 이 학술지논문을 이해하고 있는지를 확인하고, 중간에 저자 구성이 바뀌었을 경우 연구에 대한 기여도가 적절하게 반영되었는지 확인하는 것이 좋다.

'이공계 연구윤리 및 출판윤리 매뉴얼(황은성·조은희·김영목·박기범·손화철·윤태웅·임정묵)' 41페이지에 저자의 순서에 관해 잘 나와 있다. 이 매뉴얼에 따르면, 저자는 연구에 기여한 공헌도의 크기대로 순서를 배정하는 것이 원칙이다. 일반적으로 그 논문의 데이터를 가장 많이 생산한 젊은 연구자나 학생을 제1저자로 배치한다. 실제로 대부분의 학계와 연구지원기관에서는 제1저자를 그 논문에 가장 큰 기여를 한 사람으로 평가하고 있다. 제1저자보다 적은 분량에 기여한 사람들(공저자)은 기여도에 따라 제2저자, 제3저자가 된다.

국제의학학술지편집인위원회(ICMJE; International Committee of Medical Journal Editors)의 가이드라인에 따르면 1저자는 연구 설계, 데이터 수집 및 분석에 상당한 기여를 해야 한다. 여기에서 그럼 '연구 설계, 데이터 수집 및 분석에 상당한 기여'를 했다는 것의 정확한 의미는 무엇일까? 저자권(Authorship)의 의미는 논문에 실질적인 지적 공헌을 한 기여자를 저자로 명명함으로써 그 공로를 인정하는 데 있다. 따라서 지적 또는 창조적인 측면에서 연구에 참여한 것이 단순히 실험에 참여한 것보다 더 큰 비중을 차지하고 있다는 것을 추론할 수 있다. 단순히 실험을 많이 하고 참여를 많이 한 것이 중요한 것이 아니라, 지적으로 창조적인 아이디어 설계 단계에 기여도가 높은 사람이 더 비중이 높다는 의미다. 예를 들어 실험을 설계하는 데 도움을 주고 연구의 주제를 결정한 한 대학원생은 랩 테크니션(Lab technician), 재정적 후원자, 지도교수보다 저작권에 대해 더 많은 권리를 보유한다는 이야기다.

한편, 교신저자(Corresponding author)는 대체로 가장 뒤에 배치된다. 그러나 교신저자는 따로 표시하기 때문에 실제로 데이터를 생산한 정도를 반영해 다른 위치에 배치되는 경우도 있다. 즉 데이터를 가장 많이 생산한 사람이 논문을 작성해 교신저자가 되었다면, 그는 저자 배치에서 가장 앞에 오게 된다. 저자의 배치 순서는 논문이 투고될 시점에서 결정하는 것보다 논문의 연구가 개시되고 연구자의 역할이 정해질 때 순서를 정하는 것이 바람직하다. 특정 학술지에서는 편집인이 논문 투고 시에 저자의 역할과 그 공헌도에 대한 정보를 함께 제출하라고 하는 경우가 있다. 이에 대비하기 위해서도 모든 저자들에게 저자 순서를 미리 공유하면 부당한 저자 배정의 문제를 어느 정도는 줄일 수 있다.

그런데 대규모 프로젝트 팀이 참여하는 특정 분야에서는 다른 방법을 사용하기도 한다. 많은 인원이 참여한 경우에는 저자를 알파벳 순으로 나열하기도 한다. 1저자(First author)에 해당하는 사람들은 이름 뒤에 '1'을 추가해, 별표나 설명 기호가 붙은 다른 기호로 표시한다. 이렇게 알파벳 순서로 기입하는 것은 학제간 연구에서 주로 쓰인다. 이와 마찬가지로 1저자뿐 아니라 마지막 저자(Last author)도 여러 명이라면 기호와 각주를 통해 표시한다.

저자가 아닌 자를 명명하기 위해서는 '감사의 말(Acknowledgement)'을 활용한다. 많은 학술지는 감사의 말을 논문에 포함시키는 데 호의적이다. 일부 저널은 랩 테크니션 및 논문 보조 작가들의 이름을 감사의 말에 나열하는 것을 허용한다. 특히 저자의 수를 제한하는 학술지에 이 감사의 말을 활용하면 큰 도움이 된다.

감사의 말에는 해당 프로젝트를 하는 데 있어서 구체적인 기여도에 대한 설명을 기술하기도 한다. 예를 들어 '임상 연구자' '과학 고문' '자료 수집' '연구 환자 제공'과 같은 세세한 것들을 기술할 수 있다. 단, 감사의 말에 포함된 사람들은 공개 양식(Disclosure form)에 서명하거나 자신의 이름이 기재되는 것에 대한 동의를 해야만 한다. 이와 동시에, 사전에 잠재적 이해 관계 충돌(Conflict of interest)에 대한 절차를 따라야 한다.

후속논문 진행 시 유의사항

보통 박사학위 논문을 마친 후에 이를 정리해서 학술지에 게재하는 경우가 있는데, 이때는 저자를 누구로 하느냐가 민감한 문제일 수 있다. 1저자는 연구를 진행한 총책임자로 연구를 주로 수행한 사람을 말한다. 교신저자는 학술지에 직접 투고하고 학술지 담당자와 교신해 게재 완료까지 진행하는 사람을 말한다. 교신저자는 보통 논문에 대한 질의응답을 관리한다. 제3저자와 공동저자는 주저자와 교신저자를 제외한 저자를 말한다.

이 부분이 예민한 이유는 교수 임용이나 기관에 연구원으로 취직할 때, 발표한 학술 논문에서 어떤 저자를 맡았는지에 따라 점수 비중이 다르기 때문이다. 그래서 공학 박사나 의학 박사의 경우, 같은 랩(Lab)에 있는 사람들끼리 1저자 자리를 놓고 갈등이 벌어지곤 한다. 특히 지원금 출처와 관련해서도 많은 갈등의 소지가 있을 가능성이 높다. 연구 과정에서 스폰서, 지원 정도, 스폰서의 역할을 미리 확인하고 지원금을 받은 기관과 사전에 조율하는 것이 중요하다. 잠재적으로 이해 충돌이 발생할 가능성이 있는 기관과의 관련성과 재정적 개입의 정도를 미리 확인하고, 이를 지도교수님과 명확하게 공유하기 위해 이메일로 논의된 사항을 남겨놓는 것도 한 방법이다.

최근에는 학술지와 IRB에서 재정적 지원의 정확한 금액을 공개하도록 요구하는 추세다. 논문에서 논의된 연구 프로젝트에 직접 투자하지 않더라도, 스폰서가 연구 결과에 이권을 가진 것처럼 보이는 경우, 모든 재정적인 기부금을 공개하도록 요구한다. IRB에서 이해상충 윤리 위원회가 재정적 기부금을 검토하고 승인했다는 문구를 기입하는 것이 중요한데, 이 문구는 연구의 투명성을 향상시키고 연구 프로젝트의 재정적 이해관계의 영향에 관한 의혹을 사전에 방지하는 역할을 한다. 또한 가족이나 개인적인 파트너십과 관련된 개인적 이해관계나 정치적, 지연 관계가 포함될 수 있는데, 이 또한 관련성의 여부와 잠재적 이해관계의 정도를 사전에 협의해야 한다.

예전에는 소위 '지도교수님의 논문 가로채기' 혹은 '제자의 논문 상납 관행' 같은 일들이 있었다. 그러나 최근에 이런 관행들에 반기를 들고, 소송을 하는 경우들이 늘어남에 따라 우리나라 법원에서도 이러한 관행은 잘못되었다고 분명하게 이야기하고 있다.

"박사학위 논문 심사에 관여한 지도교수가 논문 지도 학생과 공동명의로 논문을 발행하는 것이 학계의 관행이라 하더라도, 학생 본인이 원하지 않거나 충분한 토론이 이루어지지 않은 상태에서 지도 교수의 일방적인 투고는 학계의 왜곡된 현상"이라고 법원에서도 판결했다. 제자와 함께 연구한 논문을 단독으로 출판하거나 논문 지도 외에 논문 작성에 관여하지 않았음에도 공저로 등재되는 현상이 더 이상 관행이라는 이름하에 정당화될 수 없는 시대가 왔다. 그러므로 후속논문은 반드시 교수님께 여쭈어보고 충분한 토론 과정을 거친 후 투고하는 것이 중요하다.

학회 활동은
어떤 도움이 될까?

학회란 무엇일까?

학회는 특정 분야를 연구하는 사람들이 모여서 만든 단체를 의미한다. 연구 분야와 관련된 여러 가지 활동들을 조직하고 관리하는 역할을 한다. 규모에 따라 다르긴 하지만, 일반적으로 그 분야에 관한 학술지를 정기적으로 발간하거나 전문가들과 함께 연구 분야에 대한 규칙이나 표준안을 정리해 발표하기도 한다. 이러한 모든 활동을 정기적으로 주관해 의견을 모으고 발표하는 것을 바로 학술대회라고 한다.

학술대회는 각 전문 분야의 연구자들이 한자리에 모여서 그간의 연구 성과들을 소개하고 의견을 모으고 토론하는 장소다. 전문 분야에 대한 흥미를 유발하는 다양한 행사를 준비하거나 현재 어떠한 연구가 진행되고 있는지 등을 알리며, 회원들이 연구 활동을 더 잘할 수 있도록 독려하고 올바른 연구자로 성장할 수 있도록 발판을 만들어주는 역할을 한다.

학회 활동은 형식과 규모에 따라 약간의 차이가 있다. 대개 컨퍼런스와 세미나 그리고 심포지엄과 같은 용어를 혼용해서 쓰는 경우가 있는데, 이에 대한 간단한 정의를 살펴보고자 한다.

1. 세미나(Seminar)

세미나란 보통 대학교 내에서 교수의 지도 아래 학생들이 공동으로 토론하고 연구하는 교육 방법을 의미한다. 학회에 국한해서 세미나의 의미를 보면, 특정 주제에 대한 강의를 뜻하거나 전문가들이 주도하는 회의를 지칭한다. 세미나의 목적은 지식을 습득하기 위한 것이며 참석자가 비용을 지불한다.

2. 심포지엄(Symposium)

심포지엄의 어원은 그리스어의 심포시아(Symposia)와 심포시온(Symposion)에서 왔다고 한다. 심포시아의 뜻은 '함께 술을 마신다'는 의미다. 심포시온은 향연, 향응의 뜻을 가지고 있다. 심포지엄의 현대적인 의미는 '화기애애한 분위기에서 진행되는 학술적인 토론회'라고 할 수 있다. 신문이나 잡지와 같은 인쇄 매체에서 의견을 물어보기 위해 자주 등장하는 형식인데, 특정한 주제에 대해 2명 이상

의 사람들이 모여 각자의 견해를 발표하는 '지상 토론회'의 의미가
더 적합하다. 즉 '자유로운 성격의 토론'이라고 보면 된다.

3. 포럼(Forum)

포럼은 '심포지엄보다 조금 더 확장된 공개 토론회'다. TV나 라디오
프로그램에서 자주 하는 토론 프로그램이 바로 포럼에 속한다. 전
문 분야에 대해서 청중들도 자유롭게 참여한다는 특징이 있다. 심포
지엄보다는 청중에게 발언 기회가 많다. 그리고 사회자가 그 토론의
주제나 방향에 대해서 적극적으로 참여한다는 점도 다른 점이다. 보
통 사회자의 지도하에 한 사람 또는 여러 사람이 간략한 발표를 한
다음, 청중이 그에 대해 질문하면서 토론하는 방식으로 진행된다.

4. 컨퍼런스(Conference)

컨퍼런스는 특정 주제에 대해 협의하는 사람들의 모임이나 회의 전
반을 의미한다. 즉 연구자들이 그동안 연구했던 성과 또는 공동연구
결과 등을 발표하는 공식적인 회의를 뜻한다. 컨퍼런스는 학회뿐 아
니라 사업이나 기관의 프로젝트와 관련된 발표나 토론을 의미하는
경우도 많으며, 최근에는 온라인 회의로 열리기도 한다.

5. 워크숍(Workshop)

워크숍이란 원래는 '작업장'을 뜻하는 말이었다. 현재는 일종의 '협
의회'나 '공개교육' '상호교육'을 뜻하는 의미로 사용된다. 대가
(Masterpiece)가 강의나 실무 교육을 실시할 때 자신의 작업장을 교

육장으로 사용했던 것에서 그 유래를 보는 견해도 있다. 크게 집단 작업을 통해 상호 성장을 꾀하고 문제를 해결하려는 두 가지 목적을 동시에 달성할 수 있다. 워크숍과 심포지엄의 다른 점은 토론에 있다. 심포지엄이 공식적인 발표에 가깝다고 한다면, 워크숍은 토론이나 실습이 중심이 된다.

학회 활동을 해야 하는 이유

이렇듯 다양한 형태의 모임이 바로 '학술대회'를 통해 이루어진다. 그럼 이런 학술대회에 참석해야 하는 이유는 무엇일까? 가장 큰 이유는 내가 관심 있는 분야에 대해서 현재 연구 동향이나 트렌드를 파악할 수 있다는 점이다. 내 전공 분야의 연구자들은 어떤 주제를 가지고 연구하고 있는지, 어떤 질문을 던져서 문제를 해결하고 있는지, 그리고 새롭게 등장한 방법론은 무엇인지를 빠른 시간 안에 파악하기에 더없이 좋다. 또한 내가 직접 연구를 진행하는 경우에도 도움을 받을 수 있기 때문이다. 내가 연구한 분야에 대해 발표하면서 동시에 다른 사람들의 의견을 들을 수 있다는 건 큰 장점이다. 학회는 특정한 전문 분야에 대해서 내가 일정 기간 동안 고민하고 노력해 만든 결과물을 발표하기에 좋은 기회를 마련해준다. 특히 학술지에 논문을 게재한 경우, 그동안 공부했던 결과에 대해서 생생한 의견을 주고받으며 앞으로의 연구를 진행하는 데 큰 발전을 기대할 수 있다.

그러나 무엇보다도 학회 참석의 가장 커다란 장점은 바로 자극을 받을 수 있다는 데 있다. 비슷한 주제를 다른 방법론으로 연구한 것을 발견했을 때, 부러움과 동시에 새로운 방법론을 배울 동기부여를 얻기도 한다. 또한, 여러 사람들의 다양한 연구 주제를 접하면서 의외의 아이디어를 얻거나 새로운 연구 주제를 찾을 수 있게 되기도 한다.

　직장을 다니는 경우에 학회에 참석하면 전문성을 강화할 수 있다. 비슷한 주제에 대해서 고민을 하는 학자나 연구자들이 대부분이기 때문에 그들과 나 사이에 공통분모가 의외로 많다. 한마디로 소통이 가능하다. 그리고 학회에서 이야기한 연구들을 직장에 들고 가서 새로운 프로젝트를 기획할 수도 있고, 내부적으로 정리해서 발표하거나, 신사업을 이끌어나갈 수 있는 계기를 만들 수도 있다.

　특히 박사학위 논문을 학술지에 발표하는 경우에 자신의 논문이 어느 위치에 있는지를 다시 확인할 수 있는 좋은 기회가 된다. 논문을 쓰는 동안 이미 지도교수님과 논문 지도 위원회를 통해서 어느 정도 검증은 되었지만, 그래도 학회를 통해서 본격적으로 그간의 연구에 대한 객관적인 평가를 받을 수 있다. 그리고 향후 본인의 연구를 확장시키는 데도 학회 활동은 많은 도움이 된다.

제2의 인생을 위한
인맥 만들기

인맥 쌓기의 법칙

튼튼한 인맥을 쌓기 위해서는 일단 내가 가진 게 많아야 한다. 물질적 측면에서든 정신적 측면에서든 상대방이 느끼기에 나의 효용 가치가 높아야 한다. 내가 다른 사람에게 줄 수 있는 게 특별하면 특별할수록 더 많은 사람을 끌어당길 수 있다. 가벼운 모임이나 경조사 참여 같은 단순한 사교 활동으로 인맥을 유지하려면 비용이 너무 많이 든다. 그런 방식으로 인맥을 유지하는 것은 시간과 노력과 돈을 고려해볼 때 절대로 가성비가 좋지 않다. 모든 상대마다 개별적으로 따로 만나며 관리하는 것은 가능하지도 않을 뿐더러 효과적이지도 않다. 신경 써서 연락을 주고받으며 기념일까지 챙기지만, 정작 내 것은 챙기지도 못하고 진이 다 빠지는 경우가 허다하다.

이에 필자가 추천하는 인맥 관리 방법이 있다. 다름 아닌 '자기계발'이다. 아이러니하게도 최고의 인맥 관리 방법은 자기 자신에게 집중하는 것이다. 인맥은 자기 자신을 영업하는 것이 핵심이다. 정서적인 유대감을 핵심으로 하는 친구 사이와는 또 다른 형태의 관계가 바로 인맥이다. 인맥은 비즈니스가 중심인 만큼 내가 무언가를 주고 또 상대방에게도 무언가를 받을 수 있는 관계가 되는 것이 중요하다. 그런 의미에서 자기계발을 통한 인맥 관리는 방법도 매우 단순하고 약간의 시간과 노력만 기울이면 된다. 그저 내가 잘나고 영향력이 커지는 일에 집중하는 게 전부다.

집중할 대상이 한 명인 것과 다수인 것은 집중도 측면에서 비교할 수 없다. 당연히 가시적인 성과 측면에서도 차원이 다르다. 성공하고 영향력이 커질수록 많은 사람들이 알아서 찾아오게 되는 것은 세상의 이치다. 인간관계를 다루는 것은 상대가 아닌 내가 중심이 되어야 한다. 인맥이 목적인 지인을 단순히 친구 대하듯 하면 관계 유지가 어렵다. 그들이 원하는 건 정서적 유대가 아니다. 정서적 유대감은 가족이나 마음에 맞는 친구와 쌓고, 인맥은 철저하게 비즈니스적인 마인드로 무장해 만들어나가야 한다.

주위에 인맥이 튼튼한 사람들을 보면 한 가지 공통적인 특징이 있다. 바로 다양한 지식이 뒷받침되어 있다는 사실이다. 한마디로 모르는 일이나 답답한 일이 생겼을 때 물어볼 만한 사람, 그리고 그러한 문제를 해결해줄 수 있는 사람의 주위에 단단한 인맥이 형성되기 마련이다. 이런 점에서 박사학위를 취득한 것은 인맥을 형성하기 위해 최적의 조건일 수 있다. 박사학위는 한 분야에 있어서 가장 전문적인 지식적 배경을 제공하기 때문이다. 대학원에서 쌓은 인간관계를 본인의 인생에 잘 활용할 수 있기 바란다.

명함부터 바꿔라

이 책의 인터뷰에 참여해주신 분들께 "박사학위를 취득하고 나서 가장 달라진 점이 무엇인가요?" 하고 여쭈어보았다. 대부분의 인터뷰이가 '호칭'이라고 답했다. 박사학위를 받고 나서 가장 달라진 점은 아무래도 호칭일 것이다. 가령 이전에는 거래처에서 필자를 부를 때, '정재엽님' 혹은 '정 이사님'이라고 부르던 것을 '정 박사님'이라고 부르게 되는 것처럼 말이다. 그럴 때면 조금 민망하기도 하지만, 이내 생각을 바꾸어 다른 사람들이 나를 그렇게 부르는 만큼 말과 행동을 더 주의하고 책임을 다해야겠다는 다짐을 하게 된다.

그런 의미로 학위를 마친 사람이라면 당장 명함부터 바꾸시기를 권한다. 조직에 속한 사람들은 본인의 부서와 직급을 명시하되, 이름 옆에 '경영학 박사' 혹은 '공학 박사'라는 타이틀을 넣는 것이다. 본인이 격에 맞는 행동을 하기 위해서는 그에 걸맞게 본인의 포지션을 공표하는 것이 중요하다.

특히 비즈니스 미팅에서 새로운 사람들을 만날 때는 인사를 나눈 후에 당장 비즈니스 이야기로 들어가지 않고 간단한 담소를 먼저 나누는 경우가 많다. '박사'라는 말이 들어간 명함을 받는 사람들은 "아, 박사님이시군요."라면서 "그럼 정 박사님이라고 부르겠습니다." 라고 이야기를 하거나 조금 더 친밀한 경우라면, "혹시 박사 전공이 무엇이신지요?"라고 묻거나 학교를 묻는 경우가 있다. 박사학위에 대해 물어보는 것은 학부를 어느 학교를 다녔는지 묻는 것과는 결이 조금 다르다. 통념적으로 학부를 물어보는 것은 약간의 결례이기도 해서 어느 정도 친하지 않으면 묻지 않는 경우가 많다. 하지만 박사를 취득한 학교를 물어보는 것은 그 사람의 노력을 칭송하는 경우가 많으므로 그렇게 예의에 어긋난 질문이 아니다. 그래서 이런 이야기를 하다 보면 비즈니스 이야기도 훨씬 편하게 진행되는 경우가 많다. 은근히 자신이 이 분야의 전문가라는 자기 PR도 가능하다.

자기 자신의 홍보는 어느 누구도 대신해주지 않는다. 명함이 없다면 지금 당장 제작하자. 그리고 명함이 있다면 현재의 명함을 분쇄기에 갈아버리고 '박사' 타이틀이 박힌 명함을 새로 제작하자. 명함을 바꿨다면, 이젠 SNS와 이메일의 프로필을 바꾸자. 직장에서 쓰는 이메일의 서명 부분과 SNS상의 모든 프로필에 내가 '박사'라는 것을 업데이트하는 것이다.

인맥 관리의 새로운 패러다임

직접 대면하며 인맥을 관리하는 시대는 지났다. 온라인상에서 자기 PR, 인맥 관리만 잘해도 더 많은 협력사나 고객사를 만날 가능성이 높아진다. 그런데 간혹 다신 안 볼 사람이라고 생각해서 '적'을 만드는 사람이 있다. 사회에 적을 만들어두면 잘 풀려가던 일도 망가질 수 있다. 더군다나 이제는 SNS가 발달해서 누군가에 대한 평판을 쉽게 남길 수 있게 되었다. 따라서 인간관계를 잘 시작하는 것도 중요하지만 깨끗하게 끝맺는 것이 훨씬 더 중요하다.

또한 아무리 수완 좋은 처세술을 발휘한다 해도 진심이 없으면 그 관계는 지속될 수 없다. 상대방에게 필요한 것이 무엇인지 깊이 파악하고, 진심으로 도움을 줄 때 비로소 관계는 유지된다. 인맥이라는 것은 단지 '관리' 대상만은 아니다. 사람을 많이 아는 것이 인생의 목표가 될 수는 없다. 중요한 것은 내 인생을 잘 살고 타인과 더불어 사는 삶을 위한 '인맥'을 만드는 것이다. 더러 손해를 보는 경우가 있더라도 서운해하지 말고 도움을 주고받으며 관계를 맺을 수 있어야 한다.

전문가의 영역에서는 '무엇'을 아느냐보다 '누구'를 아느냐가 더 중요하다. 무엇을 아느냐는 이미 어느 정도 다 검증이 되었기 때문이다. 그렇기에 그동안은 혼자 부단히 노력해 이뤄왔다고 해도, 이제부터는 절대로 혼자 노력해서만은 안 된다. 함께 가야한다. 기꺼이 함께하는 '내 사람'을 만들고 그의 지식과 네트워크를 공유해야 한다. 이를 위해서는 내가 누구보다 먼저 나서서 움직이고, 진실한 태도로 대하고, 다른 사람에게 기꺼이 도움을 줄 수 있어야 한다. 상대를 진실하게 칭찬하며, 그리고 솔직하게 자신의 약점을 인정하는 것이 인맥 쌓기의 지름길이라는 것을 기억하자.

임장근

★ ★ ★ ★ ★

62세,
중앙대학교 과학기술정책학 박사(2012년 취득),
前 한국해양과학기술원 부원장, 울릉도·독도해양연구기지 대장
現 KIOST 동해연구소 정책 전문위원

Q 간단한 자기소개를 부탁드립니다.

A 안녕하세요? 저는 한국해양과학기술원(KIOST)에서 정책개발실장, 경영실
부장, 부원장 등을 지내고, 2017년부터 3년간 독도 수호를 위해 울릉도 현
지에서 울릉도·독도 해양연구기지 대장으로 자원근무했던 임장근입니다.
2020년 1월부터는 독도 전용 연구선 건조 사업 책임자로 일하고 있습니다.

Q 입학하신 학교와 전공을 알려주세요.

A 중앙대학교에서 석사학위를 91년도에 마치고, 10년이 훨씬 지난 2005년에
박사를 시작해, 8년 만인 2013년도에 졸업했습니다. 과학기술정책학을 전
공했고 정책학 박사학위를 취득했습니다.

Q 현재 하시는 일을 간단하게 소개해주세요.

A 2020년 초까지 울릉도·독도기지 대장으로 일했습니다. 일본의 독도 침탈에 대응하고 해양 영토를 지키기 위한 각종 정책들을 마련하고, 해양과학 조사, 해양생태계 조사 등을 진행합니다. 그리고 울릉도와 독도를 방문하는 기업이나 단체, 학생들을 위한 해양 영토 교육 프로그램을 운영하기도 합니다. 또한 울릉도의 해양 수산업 발전을 위해서 실제 하나의 테스트베드(Test bed)가 되어서 수산 양식 시범을 하는 일들을 기획했습니다.

지금은 본원인 한국해양과학기술원으로 발령을 받아서 오로지 독도만을 위한 해양생태계를 조사하는 독도 전용 연구선(船)을 제작하는 프로젝트를 총괄하고 있습니다.

Q 어떤 계기로 박사과정을 시작하게 되셨는지요?

A 저는 한국과학기술원(KIST) R&D Management 부서의 연구원으로 근무하면서 석사학위를 취득했습니다. 이후에 해양과학기술원으로 직장을 옮겨 비교적 어린 나이에 정책개발실장, 기획부장 직을 맡게 되었습니다. 국책연구기관에서 중요한 일을 맡다 보니, 제가 정책을 결정하는 데 있어서 학문적으로 더 깊이가 있어야 한다는 생각이 들었습니다. 과학기술 연구 분야의 외연을 확대하고 알속 있는 정책이나 기획을 하기 위해서는 전문성을 키워야겠다는 생각이 시간이 지날수록 절실해졌습니다. 또한 연구기관에서 정책을 만드는 위치에 있으려면 박사학위가 필요하다는 현실적인 문제도 있었습니다. 각 연구기관이 비전과 목표를 세우고, 전략을 만들고 실천하도록 설계해야 하기 때문에 전문성이 없이는 실제로 통솔이 어려운 부분이 있습니다. 그래서 제 커리어의 전문성 강화를 위해서 늦게나마 박사과정에 도전했습니다.

Q 박사과정을 하시면서 기억나는 일이 있다면 소개해주세요.

A 아무래도 함께 수업을 들은 동기나 선후배들과의 관계가 기억에 남습니다. 다들 나름의 전문 분야에 종사하시다 모였기 때문에 그 배경이 정말로 다양했습니다. 경찰서장, 금감원 고위직 인사, 기획재정부 고위직, 사업체 사장님, 군수, 호텔 사장님과 교수님까지 계셨습니다. 심지어 저보다 나이가 더 많은 분도 계셨습니다.

수업이 끝나면 항상 근처 호프집에 모여 공부에 관한 이야기를 나누었습니다. 수업을 마치고 술 한잔 걸치면, 거의 자정이 되었는데도 전혀 피곤하지 않았습니다. 같은 목표를 가지고 공부하며, 서로 격려하기도 하고 성원하는 분위기가 너무 좋았습니다. 해외 원서를 번역해서 발표할 때, 각자 잘하는 부분을 도맡아 서로 도와주었던 일들이 좋은 추억으로 남아 있습니다. 마치 대학교 캠퍼스 생활로 다시 돌아간 것 같았습니다. 그 모임은 아직까지도 이어지고 있습니다. 단순한 정보를 얻기보다는 인적 네트워크를 향상하는 데 큰 도움이 되었습니다.

박사과정 중간에 벤처기업을 창업하기도 했습니다. 당시 격무에 시달려서 어쩔 수 없이 휴학을 한 탓에 졸업이 조금 늦어졌습니다.

Q 박사논문을 쓸 때 어려움은 없으셨는지요?

A 박사논문이란 무엇인가에 대해서 고민도 하고, 많은 사람들에게 조언을 구하기도 했습니다. 그러던 중 한 교수님께서 하신 말씀이 떠올랐습니다. 그 교수님은 "박사논문이란 넓은 세상을 현미경으로 바라보는 것이다."라는 말을 하셨습니다. 저는 정책을 입안하느라 보고서에 익숙했는데, 보고서는 '망원경으로 세상을 바라보는 것'과 같다면 학위논문은 그 반대였던 것입니다.

또한 '박사논문은 지도교수님께서 써주시는 거구나.'라는 생각이 들었습니다. 말 그대로 물리적으로 대신 써주신다는 뜻은 아닙니다. (웃음) 지도교수님께서 처음에 A라는 방향으로 지도를 해주셔서 그렇게 작업을 하면, 어느 날 갑자기 B라는 방향으로 가라고 하십니다. 방향을 수정하면 또 조금 있다가 다시 방향을 틀어서 가라고 하십니다. 이런 과정에서 당혹스러움과 좌절감을 숱하게 겪게 됩니다. 즉 지도교수님과 얼마나 밀착해서 작업하느냐가 논문의 수준을 결정하는 것이지요.

우리 같은 직장인들에게는 지도교수님의 얼굴을 직접 뵙고 만나는 일이 더욱이 중요하다고 생각합니다. 하다못해 주말에 교수님 댁으로 찾아가든지, 아니면 교수님의 취미 생활이 무엇인지 알아내 취미 활동을 함께 하면서 말이라도 한 번 더 걸어보고 친해지는 것이 중요하다고 생각합니다. 교실보다는 개인적으로 만나 뵙고 토론하는 과정에서 더 많은 것을 배울 수 있었습니다.

Q 박사학위가 박사님의 삶에 어떤 영향을 주었나요?

A 사실 박사를 취득했다고 해서 하루아침에 크게 달라지는 것은 없습니다. 하지만 조금씩, 아주 조금씩, 사회에서 전문가로서 인정받는다는 느낌을 받기도 했습니다. 또 평가위원이나, 심사를 하는 자리나, 중요한 일을 결정할 때 외부기관에서 저를 위촉하는 일도 많아졌습니다. 또한 연구사업을 할 때 책임연구원(PI; Project Investigator)으로 참여했던 기회 역시 박사학위를 취득함으로써 얻게 된 소중한 경험들이었습니다.

박사학위를 취득했다는 것은 자기 스스로가 연구계획을 하고, 보고서를 쓰고, 평가까지 진행할 수 있다는 의미입니다. 그러한 일련의 과정을 할 수 있다는 것은 사회적으로 엄청난 대우를 받는 것이라고 생각합니다.

Q 인터뷰에 함께 참여해주신 정인숙 박사님과 부부 관계시라고 들었습니다. 부부가 함께 박사학위를 취득하면 좋은 점이 있나요?

A 아내는 저보다 10년 정도 먼저 박사학위를 취득했기 때문에 제가 논문을 쓰는 데 있어서 실질적인 도움을 많이 주었습니다. 경험 앞에서는 못 당하는 법이죠. 저에게 많은 격려를 해주었습니다. "나도 했는데, 당신도 할 수 있지!" 하면서 말입니다. 제가 박사과정을 포기하고 싶을 때, 그때마다 저를 위로하고 용기를 북돋아주는 말을 많이 해주었습니다. 가족 중에 이미 학위를 취득한 분이 있다면, 다양한 방면에서 더 너그럽게 이해받을 수 있을 겁니다.

Q 일하면서 박사학위를 준비하는 후배들에게 해줄 조언이 있나요?

A 박사는 그 누구나 '한 방'이 있는 사람이라고 생각합니다. 누구나 가지고 있는 재능이 있고 특장점들이 있습니다. 박사를 하겠다고 마음먹은 데는 어떤 동기가 있었을 것이고, 바로 그 마음속에 이미 답이 있다고 생각합니다. 따라서 용기를 잃지 말고 끝까지 도전해야 된다고 생각합니다. 저는 박사를 졸업하기까지 8년이라는 세월이 지났습니다. 그 시간 동안 힘든 일이 있더라도 시간이 지나면 미래에는 오히려 더 감사한 마음이 들 것입니다. 또 어렵게 만든 논문이 더 자랑스럽고 빛나는 법입니다. 한 방이 있다는 것은 바로 이것입니다. 자신만이 할 수 있는 그 무엇이 있다는 것, 그것이 바로 전문가입니다. 남보다 잘하거나 남과 다르게 할 수 있다는 의미입니다.

정인숙

★ ★ ★ ★ ★

61세,
단국대학교 특수교육학 박사(2004년 취득),
現 국립서울농학교 교감

Q 현재 소속과 하고 계신 일을 간단히 소개해주세요.

A 안녕하세요. 국립서울농학교 교감으로 재직 중인 정인숙입니다. 특수교육
을 전공했고, 교육부 소속 국립학교 교사로 약 8년간 근무한 이후, 교육부
소속 국책기관인 국립특수교육원에서 교육연구사, 교육연구관으로 15년
정도 일했습니다. 지금은 국립학교 교감으로 전직해 약 7년째 근무하고 있
습니다.

Q 입학하신 학교와 전공을 알려주세요.

A 2000년 3월에 단국대학교에서 특수교육학 박사과정을 시작해, 2004년 9월
에 박사학위를 받았습니다.

Q 어떻게 박사과정을 시작하게 되셨나요?

A 대학교 4학년 때 결혼해 가정을 이루었고, 1년 후 졸업 당시 바로 임신을 했습니다. 이때 직장에 취직할 것인지 자녀를 양육할 것인지 고민을 하게 되었습니다. 그런데 임신한 상태로 새 업무를 시작한다는 것이 다른 사람들에게 부담을 줄 수도 있겠다는 생각이 들었습니다. 그래서 '육아에 집중해야겠다'고 결론을 내리고 자녀 양육에 전념했습니다. 그러다가 아이들이 자라면서 점점 일이 하고 싶어졌습니다. 일을 하고 싶다는 생각을 가슴에만 품고 있다가, 첫 아이가 초등학교에 들어갈 나이가 되자 일할 수 있는 기회가 찾아왔습니다. 그렇게 8년 만에 일을 시작하게 되었고, 3년 동안 국립학교 교사의 자격을 얻기 위해 임시 교사직을 거쳐서 국립중등교사 임용 시험을 치르고 국립학교 정교사가 되었습니다.

그런데 늦게 일을 시작한 탓에 경력 부족으로 제가 하고자 하는 업무들을 못 하는 것이 불만이었습니다. 당시에는 교육 커리큘럼을 바탕으로 한 장·단기적 계획보다는 현실 교육에 치우쳐 있던 것도 좀 우려가 되었고요. 그래서 공부를 해야겠다는 생각을 했습니다. 제가 가지고 있는 기본적인 교육에 대한 콘셉트와 당시 유행하던 교육 방식의 차이를 연구해보고 싶었습니다. 전문적으로 연구를 하고, 저의 생각을 모델화하고, 이론화시키는 것은 결국 박사과정이라는 생각을 했습니다. 저는 교육학을 전공했기 때문에 학문의 힘을 믿었던 것이죠.

Q 박사과정 중 기억나는 에피소드가 있다면 소개해주세요.

A 저는 입학 때부터 다루고 싶은 주제가 있었습니다. 바로 '장애인들을 위한 평생교육' 문제였습니다. 제가 고등학교 3학년 담임을 맡으면서 장애인 학생들의 취업 문제에 대해서 고민하게 되었습니다. 장애를 지닌 아이들이 졸업 이후에 무엇을 할 수 있는지에 대해 학부모님들에게도 정보를 드릴

수가 없었습니다. 당시에는 이 문제를 다룬 연구가 많이 없었고, 있다고 해
도 외국 논문들이 대부분이었습니다. 장애 아이들이 졸업 이후에 스스로
살아갈 수 있는 방안에 대해서 연구하고, 장애인의 평생교육 문제에 대해
서 전문적으로 공부하고 싶었습니다.

스스로 공부하지 않으면 누구도 이 주제에 대해 알려줄 수 없을 거라는 생
각이 들었습니다. 그래서 스스로 공부할 수 있는 스터디 그룹을 조직했습
니다. 지도교수님의 제자들을 중심으로 2주에 한 번씩 만나 해외 문헌을
골자로 현재 가장 주목을 받는 논문을 각자 발표하고, 논문에 관한 의견을
주기도 하는 등 긍정적인 영향을 주고받았습니다. 덕분에 서로 자극도 받
으며 목표를 위해 함께 달려간 결과, 스터디 그룹에 참여한 사람들은 대부
분 박사학위를 취득할 수 있었습니다.

Q   일과 학업, 그리고 가정은 어떻게 경영하셨나요?

A   제가 교육원에 있을 때 박사과정을 병행했는데, 그 당시 아이들이 중·고등
학교에 재학 중이었습니다. 직장 일이 바쁘거나 스터디나 미팅이 있어서
귀가가 늦는 날이면, 아이들에게 만 원짜리 한 장을 쥐어주곤 했습니다. 그
러면 아이들끼리 맛있는 음식도 사 먹고, 스스로 공부도 하는 등 자립적으
로 각자 할 일을 했습니다. 아이들이 긍정적으로 도와주었고, 또 제가 박사
학위를 취득하는 과정들을 지켜보면서 엄마를 자랑스러워하는 모습에 더
힘을 내서 학업에 집중할 수 있었습니다.

그중에서도 가장 행복하다고 느꼈던 건, 아이들이 대학생이 되어서도 스스
로 공부하는 습관이 자연스럽게 몸에 뱄다는 것을 느꼈을 때였습니다. 큰
아이는 경영학을 전공했는데 수석으로 졸업하면서 성실함을 인정받기도
했습니다. 행정학을 전공한 둘째는 학교 내에서 크고 작은 조사 연구를 할
기회가 많았는데, 그때마다 과제나 연구 문제들을 가족들끼리 함께 토론하

고 피드백을 주고받으며 늘 공부와 연구를 함께 하는 분위기를 이끌었습니다. 저는 이런 아이들과 함께 성장하면서 아이들로부터 일종의 학문적 동료애도 느낄 수 있었습니다.

또한 감사하게도 박사취득 후 학술진흥원에서 박사 후 연구과정에 합격해 미국 켄자스대학교에서 1년 동안 연수할 수 있는 기회도 갖게 되었습니다. 그래서 당시 대학교 2학년이었던 둘째 아이와 함께 1년간 연수를 다녀오는 수혜를 입기도 했습니다. 이런 모든 경험이 결국 저의 인생뿐 아니라 가족 모두에게, 학문뿐 아니라 세상의 견문을 넓히는 데 지대한 영향을 미쳤습니다.

Q 박사학위 취득이 선생님의 삶에 어떤 영향을 주었나요?

A 일단 박사과정을 통해서 특정 분야의 전문인이 된 것이 제 삶에 가장 큰 영향을 미친 부분이라고 생각합니다. 제가 연구관으로 업무를 수행할 때, 책임자로서 역할을 다할 수 있는 학문적 기반이 있다는 점에서 자부심이 있었습니다. 또한 연구원들이 연구 프로젝트를 발표할 때 연구설계의 맥락을 읽고 평가하는 능력이 점점 향상된다는 것을 스스로 느꼈습니다. 실력이 없으면 안 된다는 절박감이 저에게는 늘 동기부여가 되었습니다. 국가 프로젝트가 생기면 팀을 꾸려나가야 하는데, 그때마다 프로젝트의 맥을 잡아주는 선두주자로서 자신감을 가지고 업무를 수행할 수 있었습니다. 박사로서, 팀의 리더로서 후배들에게 모범을 보여야 하고, 또 교육계에 있으면서 늘 실력 있고 능력 있는 교직자가 되어야 한다는 사명감으로 공부했습니다.

Q 일하면서 박사학위를 준비하는 후배들에게 해줄 조언이 있나요?

A 박사과정에 입학을 했는데 박사학위를 받지 못하고 '박사수료'로 그치는

경우가 많아서 이 점이 매우 안타깝습니다. 따라서 박사논문을 쓰기 위해서는 입학 때부터 본인이 어떤 주제로 연구를 하고 싶은지 계획을 세우라고 이야기하고 싶습니다. 코스워크 기간 동안 본인이 원하는 주제에 대해서 끊임없이 자료를 수집하고, 생각해야 합니다. 연구계획서는 갑자기 나오는 것이 아니라는 걸 알아두면 좋습니다.

논문 작성을 위해서는 논문에 대해 협의하고 조언을 들을 수 있는 멘토를 찾는 것이 정말 중요합니다. 아무래도 지도교수님은 만나기도 쉽지 않을뿐더러 자신의 생각을 피력하는 데 조금 어려움이 있기도 합니다. 그리고 연구계획서를 어느 정도 작성하고 이에 대한 생각이 정리되면 그때 교수님과 면담하는 것이 효율적이라 생각합니다. 따라서 본인에게 조언해줄 수 있는 선배나 친구를 직접 찾아나서야 합니다. 제 멘토는 국립특수교육원의 원장님이었습니다. 그분은 제 연구 주제에 대해서 조언을 아끼지 않으셨고 정신적으로도 학문적으로도 도움을 많이 주셨습니다.

지도교수와 관계를 쌓아갈 때는 '나는 무엇이든지 받아들이겠다.'라는 마음을 꼭 가져야 합니다. 저도 일을 하다가 뒤늦게 박사과정을 시작하다 보니 저보다 나이가 어리신 교수님들도 만나게 되었습니다. 그러나 무언가를 배우고자 학교에 들어간 것이므로 '교수는 스승이다.'라는 생각을 하는 것이 좋습니다. 늘 긍정적인 마인드로 임하고, '독종'이라는 말을 들을 정도의 집중력을 가지고 학업에 몰입하기를 바랍니다.

마지막으로 조언하고 싶은 건 일과 연계된 논문을 써야 한다는 점입니다. 즉 자신의 업무와 관련된 논문 주제와 연구 방법을 선정하는 게 매우 중요하다고 이야기하고 싶습니다. 일과 자신의 관심 분야가 꼭 연결되어야 한다고 생각합니다. 여러분의 건투를 빕니다.

박교순

★ ★ ★ ★ ★

60세,
중앙대학교 행정학 박사(2020년 취득),
現 신협중앙연수원 전임교수

Q 간단한 자기소개를 부탁드립니다.

A 안녕하세요? 저는 신용협동조합중앙회 신협중앙연수원 전임교수로 재직
중인 박교순이라고 합니다. 전국 신용협동조합의 임직원을 대상으로 협동
조합론과 서번트 리더십 등의 교육을 담당하고 있습니다.

Q 입학하신 학교와 전공을 알려주세요.

A 저는 2015년도에 중앙대학교 일반대학원 행정학과 박사과정에 입학해
2020년에 졸업했습니다.

Q 어떻게 박사과정을 시작하게 되셨는지요?

A 쉰이 넘으면서 자연스럽게 '정년 이후에 어떻게 살아야 하나'를 고민하게

되었습니다. 여러 생각이 들었던 와중에 평소에 사회복지에 대해서 관심이 있었던 저는, 복지행정을 전공으로 석사학위를 취득하기로 마음먹었습니다. 그 와중에 사회복지사 2급 자격증도 취득하게 되었습니다. 향후 제가 좋아하는 일을 하는 동시에 사회적으로도 의미 있는 일을 하고 싶었습니다.

석사과정의 지도교수님이셨던 심준섭 교수님께서 박사과정을 시작해보면 어떻겠느냐는 권유가 결정적인 계기였습니다. 또한 평생을 함께해준 신협에 대한 감사의 뜻으로 신협에 대해서 박사학위 논문을 써야겠다는 생각에 진학을 결심하게 되었습니다.

Q **직장과 대학원 생활을 병행하시면서 어려운 점은 없으셨나요?**

A 저는 집안 사정상 고등학교를 졸업하자마자 바로 생업 전선에 뛰어들어야 했습니다. 까까머리로 취직했던 직장이 바로 현재 일하고 있는 신협입니다. 올해로 40년째 재직 중입니다. 저는 입사와 동시에 야간 대학교에 입학해 직장과 학업을 병행했습니다. 군대에 들어가게 되면서 휴직을 하면서 동시에 휴학을 했고, 제대와 동시에 복직과 복학을 같이 진행했습니다. 항상 쌍둥이처럼 휴학과 휴직, 복학과 복직을 함께 했습니다.

신협은 공동 유대를 바탕으로 지역 주민에게 금융 편의를 제공함으로써 지역경제 발전에 기여하기 때문에 비영리적인 공공성이 강하다는 특징을 가지고 있습니다. 개인적으로 신협에서 일함으로써 평생직장을 얻고, 더불어 학업을 병행할 수 있는 수혜를 입었다고 생각합니다. 하지만 일과 박사과정을 병행하는 것은 마냥 쉬운 일은 아니었습니다. 석사과정 때와는 다르게 항상 시간에 쫓기며 여러 수업을 들어야 했고, 매주 주어진 과제를 제출하는 것도 보통 어려운 일이 아니었습니다.

Q 박사과정을 하시면서 기억나는 에피소드가 있다면 소개해주세요.

박사과정 초기에 영어로 진행되는 수업을 수강한 적이 있습니다. 그런데 영어에 익숙하지 않았던 저는, 매주 읽어야 하는 영어 원서가 너무 어려워 영어를 잘하는 학생에게 부탁해 선행학습을 한 후 수업을 듣는 방식으로 수업을 진행해야 했습니다. 그러던 어느 날, 과제물을 제출했는데 사건이 터졌습니다. 박사과정 선배가 참고용으로 보내준 자료를 실수로 교수님께 바로 제출해버린 일이 벌어진 것입니다.

어느 날, 수업을 마치고 교수님께서 조용히 저를 부르셨습니다. 교수님께서는 심각한 어조로 "이런 식으로 남의 것을 제출하면 정학 처분을 내리겠다."라고 말씀하셨습니다. 그래서 저는 사실대로 선배에게 받은 파일을 실수로 제출했다고 솔직하게 말씀드리고 다음부터 이러한 일이 없도록 주의하겠다고 싹싹 빌었습니다. 곧 제가 작업한 파일을 교수님께 송부해 마무리가 되었지만, 그래도 주의하라는 말씀을 듣고는 겨우 위기를 넘길 수 있었습니다. 영어 강의가 익숙하지 않고 허둥지둥해서 벌어진 일이었지만, 그때 저는 '박사과정은 내가 할 수 있는 것이 아니다.'라며 절망했던 기억이 납니다.

기억나는 또 하나의 에피소드가 있습니다. 박사과정 중에 갑자기 서울 사무소에서 부산 사무소로 발령이 난 사건이 있었습니다. 부산에서 일하게 되자 도저히 수업을 들을 수 있는 상황이 아니라 어쩔 수 없이 휴학을 하게 되었습니다. 다행히 다음 학기에 서울로 다시 발령받아 복학을 했습니다만, 당시에는 내가 무엇을 위해 이 고생을 해야 하냐며 심각하게 박사과정을 포기할까 생각하기도 했습니다.

Q 박사학위 취득이 박사님의 삶에 어떤 영향을 주었나요?

A 저는 평생을 신협에서 근무하면서도 우리나라 신협에 대해서만 접해왔습

니다. 그러나 박사과정에서 공부하고, 또 논문을 쓰는 과정에서 세계 신협에 대해서 체계적으로 공부하게 되었습니다. 박사과정이 아니었다면 아마도 평생 제가 속한 조직의 역사와 철학에 대해서 알지 못했을 것입니다. 또 논문을 쓰면서 사회적 기업으로서의 이 조직의 미래에 대해서도 생각해볼 수 있었습니다. 박사과정이 아니었다면 이렇게 다방면으로 신협에 대해서 알아가는 기회가 없었을 것입니다. 여러모로 박사과정은 학문적으로도, 또 생활인으로서도 저에게는 참 의미 있는 영향을 준 것이 아닌가 생각합니다. 우리나라 신협이 글로벌화하는 데 제가 무언가 도움이 되어야겠다는 생각을 합니다.

그리고 또 다른 영향력이라면 명함이 달라졌습니다. (웃음) 저는 박가(哥)라 주위에서 저를 부를 때 '박 박사'라고 발음하기 어려워 '빡싸'라고 부르기도 합니다.

Q 일하면서 박사학위를 준비하는 후배들에게 해줄 조언이 있다면 어떤 것들이 있을까요?

A 저는 앞서 말씀드린 바와 같이 중도에 박사과정을 포기할까 하는 생각을 수도 없이 했습니다. 논문을 쓰며 박사학위를 끝까지 마칠 수 있는 힘은 바로 '지구력'이라고 생각합니다. 중요한 것은 장거리 마라톤 선수처럼 중도에 포기하지 말고, 결승 테이프를 끊을 때까지 멈추지 말아야 한다는 것입니다. 박사과정의 초반에 에너지를 다 쓰지 말고 마지막까지 잘 방어해야 살아남을 수 있습니다. 그래야 막판에 에너지를 몰아서 집중할 수 있습니다. 마지막 6개월에 얼마나 집중하고 몰입할 수 있는지가 가장 중요하다고 생각합니다.

한 가지 더 말씀드린다면, 지도교수님과 지속적으로 교류하고 진솔한 대화를 통해 공감대를 형성하는 것은 큰 도움이 됩니다. 특히 대화를 할 때도 조심스럽게 하고, 교수님의 의견은 최대한 수용하는 열린 태도를 지닐 것을 추천드리고 싶습니다. 결국 지도교수님과의 관계는 평생 남으니까요. 지금도 어딘가에서 박사학위를 기웃거리는 분들, 그리고 논문과 싸우고 계시는 분들에게 건투를 빕니다.

김용환

★ ★ ★ ★ ★

65세,
한남대학교 행정학 박사(2013년 취득),
前 군인, 한국해양대학교 교수, 한국해양대학교 해양군사대학장,
現 한국해양대학교 산업기술연구소 전문위원, (사)김영옥평화센터 공동대표

Q 간단한 자기소개를 부탁드립니다.

A 안녕하세요? 저는 현재 한국해양대학교에서 강의를 하고 있으며, 봉사 단
체인 (사)김영옥평화센터의 공동대표로서 국민들에게 '아름다운 영웅 김영
옥 정신'을 알리는 일을 하고 있는 김용환이라고 합니다.

Q 어떤 전공으로 학위를 취득하셨는지 궁금합니다.

A 저는 해군사관학교에 1976년에 입학했습니다. 전공은 기계공학이었습니
다. 사관학교 졸업과 동시에 군인으로 근무하면서 1998년에는 충남대학교
행정대학원에서 국가안보정책을 전공으로 행정학 석사학위를 취득했고,
2013년 한남대학교 행정대학원에서 안보정책을 전공으로 행정학 박사학위
를 취득했습니다.

Q 군인 신분으로 대학원을 다니시는 게 쉽지 않으셨겠어요. 어떻게 대학원에서 공부를 시작하게 되셨는지 궁금합니다.

A 저는 군인의 삶을 제 숙명이라 여기며 삶의 최우선 순위는 국가를 위하는 일이라 생각했습니다. 업무를 충실히 이행하는 것이 국가를 위하는 일이라고 생각했습니다. 동시에 현대 군인은 전문성이 있어야 한다는 생각에 사관학교에서부터 시작해, 군 생활 동안 각 계급별로 주어진 교육과정을 차근차근 이수했습니다. 개인이 각자의 영역에서 전문 분야를 만들면 전체적으로 군의 수준이 높아질 것이라 생각했습니다. 저는 '인생 방정식'을 'F=ma'라는 운동 방정식으로 해석해 역량(m)이 클수록 쓰임을 받을 수 있으며, 전문성(a)이 있어야 쓰임을 받을 수 있다는 생각을 하게 되었습니다. 시간이 흘러 계급은 점점 올라가는데, 복잡해지고 세분화되는 군사학의 변화를 접하면서 제 자신이 전문적인 지식이 부족하다는 생각을 하게 되었습니다. 그러면서 틈틈이 관심 분야에 대한 지식을 쌓기 위해 공부를 해야겠다는 생각에 이르게 되었습니다.

그런데 군 업무 특성상 위탁 교육을 가지 않고 근무를 하면서 공부를 한다는 것은 매우 어려운 일이었습니다. 그래서 주어진 현실 속에서 단계별로 작은 목표를 가지고 차근차근 도전을 하게 되었습니다. 시간이 많다고 해서 모두 활용할 수 있는 건 아니므로, 오히려 시간이 없고 바쁠수록 틈새 공부를 하며 저의 관심 분야에 대한 자료를 준비하기 시작했습니다.

Q 그렇다면 박사과정은 어떻게 시작하게 되셨는지요?

A 박사과정은 처음 2004년 중앙대학교 행정대학원에 입학해 공부를 시작했습니다. 그러던 중 2005년 말에 다른 지역으로 전출되는 바람에 휴학을 했습니다. 그리고 2010년, 근무지 근교에 있는 한남대학교에 재입학해 2013년 졸업했습니다.

저는 군인이기에 근무지를 제가 결정할 수 없고 근무 기간도 유동적이라 대학원 생활을 병행하기가 어려운 실정이었습니다. '시작이 반'이라는 생각으로 '근무지 가까운 대학에서 입학해 시작하면 되겠지.'라고 막연하게 시작했으나, 근무지가 바뀌면서 학업을 지속할 수 없는 현실에 매몰되어 학업을 포기하고 말았습니다. 그런데 새로운 부서에서 학생들을 가르치는 직책을 맡게 되었고, 대학 교수님의 적극적인 권고가 마음을 크게 움직여 다시 학업을 이어나가야겠다는 생각을 하게 되었습니다.

Q 일과 학업을 병행하는 데 어려움은 없으셨나요?

군 생활의 특성상 학업을 병행하는 데 어려움이 많았습니다. 특히 출석이 자유롭지 못해 정해진 수업 시간에 수업을 듣지 못하는 경우가 빈번해 항상 교수님께 죄송한 마음을 갖고 학업을 진행했습니다. 군 전역 이후에는 바로 대학교 교수로 임용되어 근무를 시작하게 되었습니다. 대학교에서 일하는 동안 학내 다른 교수들과 생활해야 했고, 똑같이 교수평가를 받아야 하는 상황 속에서 학위가 없으면 안 되겠다는 생각이 들었습니다.

그런데 막상 박사논문을 작성하려 하니 앞이 보이질 않았습니다. 어디서부터 무엇을 어떻게 시작해야 하나 하는 생각에 막막해졌습니다. 그래서 지도교수님께 솔직한 심정을 말씀드렸고, 연구계획서를 작성하는 것부터 시작해 논문 심사를 위한 절차를 밟게 되었습니다. 영어시험과 종합시험에도 도전했습니다.

이후에 논문 초안을 제출해 1차 심사를 받게 되었는데, 지금 생각해보면 그때가 가장 위기였습니다. 제가 다루고자 했던 주제가 '하나의 학위논문으로서 가치가 있는지'와 같은 근본적인 이유에서부터, 세세한 문장에 이르기까지 많은 지적을 받고서는 큰 충격을 받았습니다. 그날 저는 박사학위를 포기할까 심각하게 고민했습니다. 큰 갈등 속에 지도교수님을 여러 번 찾아뵈었고, 지도교수님께서는 제가 겪은 것 또한 하나의 과정이기에 끝까지 포기하지 말라고 북돋아주셨습니다. 그리고 그날 지적받은 내용을 수정해 다시 연구계획서를 제출했습니다. 지도교수님의 적극적인 지도가 없었으면 졸업을 못 했을 수도 있었다고 생각합니다.

Q 실제 교수로 계시면서 학위를 취득하신 거네요? 그렇다면 학위를 취득한 후 박사님의 삶은 어떻게 변하셨는지요?

A 전역 후에 준비 없이 한국해양대학교 교수로 특별 채용되어 교직 생활을 시작하게 되면서 박사학위에 대한 절실함을 느끼게 되었습니다. 그리고 그 절실함이 오늘날의 결과를 만들었다고 생각합니다.

군 조직에 익숙했던 저로서는 모든 것이 생소하고 어려운 것투성이였습니다. 조금 창피한 이야기지만 처음 대학교에 임용되었을 때는 시수(강의 시간)라는 용어조차 알지 못했습니다. 많은 사람들이 "대학교는 방학도 있고 얼마나 좋은 곳이냐." 하며 부러워하기도 했지만, 실상 제 모습은 바닷가에서 갓 태어난 새끼 거북이의 모습이었습니다. 작은 모래 언덕도 저에게는 큰 산처럼 느껴졌고, 갈매기와 독수리가 위협해오는 상황에서도 바다를 향해 나아가야만 하는 모습이었습니다. 그러던 중 서점에서 우연히 표지에 새끼 거북이가 그려진 『지금 힘들다면 잘하고 있는 것이다』라는 책을 발견하게 되었습니다. 저는 그 책을 통해 힘들다는 것은 하나의 과정이기에 언젠가는 지나가고, 과정 뒤에는 좋은 결과가 온다는 사실을 깨닫게 되었습니다.

평가 제도의 강화에 따라 대학 교수라는 직책도 끝없이 노력하지 않으면 안 됩니다. 그 가운데에서 생존하기 위해 부단히 노력하게 되었고, 이제는 여러 곳에서 강의 요청을 받을 정도로 전문성을 갖고 사람들에게 자문해줄 수 있는 위치에 와 있다고 생각합니다.

Q 직장과 학업을 병행하는 후배들에게 해주실 조언이 있나요?

A 현대사회에서는 '스펙'을 중요시하고, 실제로 하나의 스펙으로서 박사학위를 취득하려는 사람도 있습니다. 하지만 저는 학위를 스펙이라기보다는 미래의 삶을 위해 준비하는 과정이자 현재의 전문성을 바탕으로 한 단계 한 단계 최선을 다하는 시간이라 생각합니다. 그 과정은 매우 어렵고 힘들 수도 있습니다. 그렇지만 도전하지 않으면 제로인 반면, 일단 도전하면 꿈을 이룰 수 있습니다. 혼자 모든 것을 한다고 생각하지 마시고 지도교수님을 찾아가 도움을 받으시길 바랍니다. 학위는 지도교수님과 심사위원 교수님과 함께해야 가능한 일입니다. 시작이 반입니다. 할까 말까 망설일 때는 하라고 했습니다. 도전하시어 꿈을 이루시길 바랍니다.

김보람

★ ★ ★ ★ ★

34세,
서울대학교 음악학 박사(2020년 취득),
現 피아니스트,
現 예원·예고·서울대학교 출강

Q 간단한 자기소개를 부탁드립니다.

A 저는 김보람입니다. 피아니스트로 활동하고 있으면서 대학교와 예술 중·
고등학교에서 강의하고, 연주와 레슨 그리고 악기 반주도 병행하고 있습
니다. 서울대학교 음악대학 피아노전공으로 2012년 9월에 입학해 2020년
8월에 졸업했습니다.

Q 어떻게 박사과정을 시작하셨는지요?

A 저는 예원학교, 서울예술고등학교를 졸업하고, 서울대학교 음악대학에서
피아노를 전공했습니다. 대학교 졸업 후에 뉴욕에 위치한 맨해튼음악대학
원에서 피아노 석사과정을 마쳤습니다. 석사과정을 마치고 귀국하기 직전
에 우리나라 예술 고등학교와 몇 개의 수도권 대학에 강의를 하기 위해 지

원서를 냈습니다. 예술 고등학교와 대학교에서 강의하는 자격요건은 모두 석사학위 이상의 학위 소지자였기에 적어도 몇 군데에서는 강의를 할 수 있을 것이라 생각했습니다. 그런데 저의 기대와 달리 예술 고등학교 딱 한 군데에서만 강의 자리를 얻을 수 있었습니다.

나름 해외에서 석사과정을 마쳤기에 자신 있다고 생각했는데, 현실은 달랐습니다. 대학교에서 강의를 하기 위해서는 박사학위가 있어야겠다고 느꼈습니다. 특히 피아노 전공은 경쟁이 치열하기 때문에 대학교에서 강의 하나라도 얻기 위해서는 '박사학위가 필수'라는 인식이 있었습니다. 이러한 현실을 마주하고 얼른 박사과정을 시작해야겠다는 생각을 했습니다.

Q   일과 과정 그리고 학업을 병행하시는 데 어려움은 없으셨나요?

A   귀국 후에 예술 고등학교에서 강의를 하면서 박사과정에 입학했습니다. 매 학기 말이 되면 예술 고등학교의 입시 평가회와 실기시험 채점에 들어가야 했고, 하루를 모두 비워야 하는 일이 종종 생겼습니다. 그래서 박사과정 수업도 어쩔 수 없이 빠지게 되는 일이 발생했습니다. 그래서 학기 초에 연간 행사표를 받자마자 그 학기에 수업과 행사가 겹쳐서 부득이하게 빠져야 할 날짜들을 확인해 교수님께 미리 양해를 구했습니다. 매 학기 중간·기말고사를 치르는 것도 쉽지 않았습니다. 더군다나 실기시험을 따로 준비해야 했기에 늘 시간이 부족했습니다. 그래도 지도교수님이 제가 학부 때부터 가르침을 받았던 분이라 제가 강의에 나가는 것을 적극적으로 응원하고 이해해주셨습니다.

박사과정 수료 상태에서 중학교와 고등학교에 강연을 나가면서 2016년 1월에 결혼을 했습니다. 결혼 후에도 강의를 나갔기에 아무래도 논문 진도가 나가지 않았습니다. 그리고 2018년 여름방학에 첫째 아이가 태어났습니다. 마침 방학 동안 출산을 했기에 강의는 쉼 없이 이어나갈 수 있었지만, 마음

한구석에는 논문에 대한 아쉬움이 늘 남아 있었습니다. 졸업은 하지 못하고 박사 수료로 남아 있는 상황에서 언제까지 이렇게 강의만 할 것인지에 대해 불안감이 일었습니다.

출산, 육아, 직장과 논문 사이에서 늘 고민했습니다. 어린이집에 아이를 보내고 아침 9시부터 오후 1시까지 카페로 직진해 한 번도 움직이지 않고 그 자리에서 논문을 쓰곤 했습니다. 밤 10시에 아이를 재우고 새벽 3~4시까지 논문을 쓰는 일을 강행했습니다. 주변 사람들도 힘들었을 거라 생각합니다. 남편과 양가 부모님들의 도움이 없었다면 아마도 이루어내지 못했을 것입니다. 절대로 저 혼자 한다고 해서 되는 일이 아님을 잘 알고 있습니다. 그래서 박사학위는 저에게 앞으로 더 겸손하게 살라는 의미를 주었다고 말씀드리고 싶습니다.

Q   논문을 쓰실 때 기억나는 에피소드가 있다면 알려주세요.

A   코스워크까지는 어떻게든 일과 공부를 병행하는 게 가능했지만, 논문을 쓰게 되면서 더 이상 두 가지를 같이 하는 것은 불가능하다고 느껴졌습니다. 거기다 아이와 남편도 챙겨야 했기 때문에 논문 준비를 앞두고는 학교 출강 일과 간간이 들어오던 피아노 반주 일을 대부분 그만두었습니다. 제 경력에 도움이 될 만한 연주 몇 개만 빼고는 대부분 거절하고 논문을 최대한 빨리 끝내야겠다고 생각했습니다.

피아노 레슨과 반주는 아는 사람을 통해서 연결되는 경우가 대부분이라 한 번 거절하면 다시 맡게 되기까지는 시간이 오래 걸립니다. 그래서 거절하기 힘든 경우가 많았지만 '이번에 박사학위 논문을 마치지 않으면 안 되겠다. 꼭 마쳐야겠다.'라는 독한 마음을 먹고 논문에 집중하기로 했습니다. 갓난아이는 양가 부모님께 맡기고 논문을 써도 시간이 부족해 막판 2~3달 동안은 거의 밤을 새우다시피 했습니다. 논문을 쓰는 중간에 아이 얼굴이 떠올라 전화라도 하면, 아이가 너무 보고 싶어져 울기도 했습니다. 그럴 때면 '내가 지금 무얼 위해서 이 논문을 쓰고 있나.' 싶은 마음이 일어 그만둘까 생각도 정말 많이 했습니다. 그때마다 지도교수님께서 정신적으로 많은 도움을 주셨습니다.

또한 지도교수님께서는 정신적인 도움뿐 아니라 논문 지도에도 무척 큰 도움을 주셨습니다. 교수님께서는 제 논문을 하나하나 차분하게 지도해주셨습니다. 한마디로 '빨간 펜 지도'를 받았습니다. 교수님과의 '케미(Chemistry)'가 정말 중요하다는 것도 지도교수님을 통해서 알게 되었습니다. 얼마나 '케미'가 잘 맞았는지 심지어 외부 심사 교수님께서 저희가 이모와 조카 사이가 아니냐고 물어보실 정도였습니다. 가끔씩은 연구실에서 벗어나 카페에서 지도를 받은 적도 있었는데, 새벽 1시가 넘어 카페 문을 닫을 때까지 지도해주신 일이 아직도 기억납니다.

Q 박사학위 취득이 박사님의 삶에 어떤 영향을 주었나요?

A 자신감을 얻게 되었다고 말씀드리고 싶습니다. 물론 박사학위가 있다고 해서 제가 원하는 모든 대학에서 일할 수 있을 거라고는 생각하지 않습니다. 하지만 그동안 학교에 여러 번 지원하면서 졸업과 수료의 차이는 크다는 것을 느꼈습니다. 그런 점에서는 희망적이라고 생각합니다. 다음 학기부터는 더 많은 대학에 강의를 나가기 위해서 적극적으로 지원서를 넣어볼 생각입니다.

Q 일하면서 박사학위를 준비하는 후배들에게 해줄 조언이 있다면 어떤 것들이 있을까요?

A 박사과정에 입학하면서부터 글 쓰는 연습을 꾸준히 했으면 좋겠습니다. 학부와 석사과정에서는 실기 위주의 과정을 거치다 보니 논문처럼 객관적이

고 긴 글을 써본 경험이 없었습니다. 저와 같은 예체능 전공자들은 글을 쓰기보다는 몸으로 직접 체득하는 수업에 익숙해져 있기 때문에 박사과정 입학과 동시에 글을 쓰는 연습을 많이 하라고 이야기하고 싶습니다.

중·고등학교 때까지는 학교에 입학하고 나서 주어진 코스만 잘 수행하면 졸업을 했던 삶을 살았습니다. 아마도 누구나 다 그렇겠지요. 하지만 박사과정은 코스만 잘 수행한다고 해서 졸업할 수 있는 것이 아니었습니다. '자기주도적'이지 않으면 졸업을 하지 못할 수도 있다는 것에 너무나도 놀랐습니다. 그냥 주어진 대로만 가면 논문을 쓰지 못하고 '수료' 상태로 남을 가능성이 농후했습니다. 논문의 내용을 채우는 것도 힘들지만 그것을 글로 표현하는 데 어려움을 느끼고 스트레스를 받으면 정말 견디기 힘든 상황이 도래합니다. 그러니 졸업을 하기 위해서는 개개인의 노력이 필요한 것이지요. 더욱이 일을 병행하는 상태라면 순간순간 최선을 다해 집중하고, 무엇보다 시간 배분을 잘해야 한다고 조언해주고 싶습니다.

그럼에도 불구하고
박사학위가 필요한가?

이 책을 쓰는 동안 개인적으로 영광스러운 일이 두 차례 있었다. 필자의 박사학위 논문이 한국갤럽조사연구소와 한국조사연구학회가 주관하는 '한국갤럽박사학위논문상 우수상'으로 선정된 데 이어 (사)한국협상학회가 주최하는 '우수박사학위논문상 대상'으로 선정되는 일이 벌어진 것이다. 그동안 쓴 논문은 까맣게 잊고 오로지 이 책을 집필하는 데 집중하느라 정신 없는 가운데 맞이하게 된 소식이라 얼떨떨했다.

먼저 한국갤럽에서 수여하는 한국갤럽박사학위논문상은 조사연구 분야의 발전을 위해 학술 활동 분야에서 과학적 접근을 장려하려고 제정된 상이다. 박사학위 논문을 대상으로 하는 상이기에 평생 한

번 받을 수 있는 의미 있는 상이다. 워낙 공신력 있는 기관에서 주는 상이라, 박사학위 논문을 쓴 사람이라면 한 번쯤 꿈꿔보는 '드림 어워드(Dream Award)'라고도 할 수 있다. 또한 (사)한국협상학회에서는 매년 협상 및 분쟁 해결을 주제로 박사학위 논문을 선정해 수여하고 있기 때문에 상대적으로 경쟁이 치열한 것으로 알려져 있다.

필자의 논문 「Does Negotiating Power Affect Performance in Corporate Rehabilitation Procedures? An Exploratory Study of Factors Affecting Negotiation in Corporate Rehabilitation Procedure. (협상력은 기업회생의 결과에 영향을 미치는가? 기업회생에서 협상에 영향을 미치는 요인에 관한 탐색적 연구)」가 소통의 중요성이 강조되는 이 시대에 협상을 통한 소통을 학문적으로 연구하려는 노력을 인정받았다는 측면에서 받은 상이라 더없이 소중하게 느껴졌다.

각기 다른 기관에서 수상자로 선정되었다는 소식을 들었을 때, 15년간의 박사과정을 잘 마무리했다는 생각에 기분 좋게 자신을 다독거릴 수 있었다. 무엇보다도 지도교수님을 비롯한 논문심사위원 교수님들께서 너무나도 기쁘게 축하해주셔서 감사하고 뿌듯했다. 교수님들께서는 졸업이 늦어진 것만큼 완성도 있는 논문을 쓰라고 다독여주시면서도 내가 끝까지 긴장을 놓지 않도록 날카로운 매의 눈으로 지켜봐주셨다.

나는 이 영광을 온몸으로 조용히 흡수했다. 그리고 이 기쁨을 척수 끝까지 깊숙하게 빨아들였다. 수상자들은 조사연구학회와 한국협상학회에서 개최하는 학술대회에서 논문에 대해 발표할 기회를 얻게 된다. 새로운 사람을 만나고 새로운 환경을 마주하는 것을 좋아하는 나로서는, 우리나라 최고의 조사연구학회의 열정 넘치는 환경과 협상학회의 논리적인 학술대회 분위기가 내 특유의 성향과 딱 맞았다. 대회 날은 참가자들이 서로 손을 들고 질문을 하는 통에 진행자가 순서를 정해 질문의 줄을 세울 정도였다. 무척이나 떨렸지만 지적인 향연이 펼쳐진 그 자리를 마음껏 즐기며 기쁨을 누렸다.

선배 연구자들의 열정을 바탕으로, 15년 동안 몸담았던 박사논문의 발표를 이어갔다. 발표가 끝나자 참가자들은 나의 방법론과 연구 주제에 대해서도 많은 질문을 쏟아냈다. 어떤 질문은 너무 수준이 높아 나를 당혹스럽게 만들었으며, 어떤 질문은 내가 고민했던 것과 일치해서 순간 짜릿함을 느끼기도 했다. 이 진지한 연구의 장에서 나는 느꼈다. '아, 박사학위를 따기 참 잘 했구나.' 그리고 다짐했다. 평생 어떠한 방식으로든 연구의 끈을 놓지 않아야겠다고.

15년 전, 나는 어렵지 않게 박사과정에 입학하고 나서 무조건 빨리 졸업해야겠다고 생각했다. 하지만 그런 나의 다짐은 입학과 동시에 여지없이 무너졌고, 강산이 바뀌고 또 바뀌고 나서야 학위를 취득할 수 있었다. 내가 나의 경험을 이렇게 쓰는 이유는 한 가지다. 박사과정은 입학보다는 졸업이 백배, 천배는 더 중요하다는 것을 당부해주고 싶었다.

정확한 통계 자료는 나와 있지 않지만, 박사 수료자의 숫자는 졸업자의 수십 배에 이를 것이다. 박사과정을 시작할 때 중심을 두어야 할 것은 박사과정 '입학'이 아니라 '졸업'이다. 스스로에게 묻고 또 물어야 한다. '과연 이 학위가 나에게 필요한 것인가?' '박사과정을 수행할 만한 재정적 뒷받침과 가족의 서포트가 있는가?' '일과 병행할 수 있는가?' 그리고 '어떠한 어려움이 있어도 이 과정을 마칠 의지가 있는가?'

박사과정을 시작한 사람들은 대부분 코스워크만 마치고 논문에서 1~2년의 공백을 거치게 되는데, 이 시기를 아주 조심해야 한다. 이 공백 기간을 최대한 줄이는 것이 '박사 취득자'와 '박사 수료자'의 차이다. 필자 또한 그런 과정을 거쳤다. 교칙상 16학기 이내에 졸업을 해야 하는데, 그 마지막 학기에 졸업을 했다. 물론 처음엔 그럴 계획이 아니었다. 논문을 거의 다 써놓았지만, 지도교수님께서 사용했던 데이터가 시의성이 조금 부족하다며 논문을 다시 쓸 것을 권유하셨다. 그래서 처음부터 다시 쓰기로 마음먹었고, 그 뒤로 졸업하기까지 7년이 걸렸다.

이전에 수강했던 과목이 폐지되는 바람에 졸업시험에서 한 번 떨어지기도 했고, 교내 외국어 시험에도 떨어져 다른 방법을 찾아야 했다. 결국 HSK 시험을 다시 봐서 겨우 교학팀에 제출할 수 있었다. 계획대로 되는 것은 하나도 없었고, 그럴 때마다 자존감은 바닥으로 떨어져갔다. 이렇게 박사학위를 따서 무슨 소용인가 싶었다. 하지만 나락으로 떨어지는 나를 잡은 것은, 무너진 자존감보다 더 중요했던 것은, 바로 '전문성에 대한 욕망'이었다. 이 분야에 대해서만큼은 전문적이고 싶다는 욕망, 그 욕망 앞에서는 한없이 초라해져도 상관없었다.

도서관에 하드커버로 제본된 박사학위 논문을 제출하고, 교학팀에 들러 논문 제출 증명서를 전달하고 계단을 내려오는데 눈물이 흘러내렸다. 15년 전 입학 인터뷰를 보기 위해 올랐던 이 계단, 기말고사 리포트를 제출하기 위해 헐레벌떡 밟았던 이 계단, 도저히 답을 모르겠는 시험지에 아는 답만 써서 내고는 한숨 쉬며 내려갔던 그 계단, 발표 준비를 위해 메모를 읽으며 올라가다 발목을 삐끗했던 계단, 후에 목발을 짚고 다녀야 했던 그 계단을…. 높게만 보였던 그 계단들을 이젠 내려갈 수 있다는 사실에 눈물 반 콧물 반으로 한 걸음 한 걸음 내려갔다.

이 책은 직장을 다니면서 대학원 진학을 꿈꾸는 사람들, 그중에서도 박사학위 취득을 고려하시는 분들을 위한 책이다. 박사학위 과정에 입학하는 순간, 더 이상 꿈이 아닌 현실이 된다. 수업 시간에 뛰쳐나와 아이를 데리고 응급실에 가야 할 수도 있고, 미팅을 다 마치지 못한 채 서둘러 수업에 들어가야 할 수도 있다. 출장을 갔다가 공항에 도착하자마자 바로 시험장으로 직행해서 중간고사 시험지를 받아들 수도 있다. 인생에서 한 번도 받아보지 못했던 점수를 받고는 절망할 수도 있을 것이다. 그렇다면 이제 자기 자신에게 물어보자.

'그럼에도 불구하고' 나는 박사학위가 필요한가?

마음에서 "Yes!"라고 외치는 소리가 들리는가? 그렇다면 시작해보자. 그리고 그 전에 이 책을 한번 읽어보자.

이 책은 직장을 다니면서도 단기간에 학위를 마친 성공담 같은 것을 담은 책이 아니다. 오히려 그 반대에 가깝다. 성공적인 대학원

생활을 위한 방법을 어느 누구도 가르쳐주지 않았기에 스스로 좌충우돌하며 터득해야 했다. 그래서 15년이라는 세월이 흘렀다. 15년이 지난 지금에서야 그 당시 나에게 필요한 것이 무엇이었는지를 깨달았다.

그래서 후배 여러분들이 나와 같은 어려움을 겪지 않기를 바라는 마음에 이 책을 집필했다. 박사 수료로 남아계신 분들, 현재 박사과정에 있는 분들 그리고 박사과정을 꿈꾸는 모든 분들에게 이 책이 작은 도움이 되었으면 하는 바람이다.

내가 대학원을 가게 된다면

초판 1쇄 발행 2021년 3월 15일

지은이 | 정재엽
펴낸곳 | 원앤원북스
펴낸이 | 오운영
경영총괄 | 박종명
편집 | 이한나 최윤정 김효주 이광민 강혜지 김상화
디자인 | 윤지예
마케팅 | 송만석 문준영 이태희
등록번호 | 제2018-000146호(2018년 1월 23일)
주소 | 04091 서울시 마포구 토정로 222 한국출판콘텐츠센터 319호(신수동)
전화 | (02)719-7735   팩스 | (02)719-7736
이메일 | onobooks2018@naver.com   블로그 | blog.naver.com/onobooks2018
값 | 16,000원
ISBN 979-11-7043-172-5 03320